僕らの世界を作りかえる哲学の授業

土屋陽介

青春新書
INTELLIGENCE

はじめに

「私はなんで生きてるの？」

「この世に正義なんてあるんだろうか？」

「どうして僕は毎日こんなにあくせく働いているんだろう？」

――ニュースや映画を観たり、ＳＮＳのつぶやきを眺めたり、仕事や私生活の悩みでぼんやり物思いにふけったりするときに、ふとこのように素朴な疑問に襲われたことはないですか？

考え始めると無性に気になるけど、話に付きあってくれる人はいなさそうだし、誰にも相談できないなあ……。そう思って一人でももやもやとしているうちに、答えが見つからないまま、考えるのをやめてしまった。

そんな経験をした人は、けっこういるのではないでしょうか。


こうした素朴な疑問について、一人で黙々と考えるのでなく、みんなで語りあう活動が、いま世界各国で広がっています。**「哲学対話」**と呼ばれる活動です。

名前に「哲学」とついていますが、過去の哲学者について勉強したり、難解な議論で相手を言い負かしたりするものではありません。「なんとなく気になるけど、ふだんはあらためて考えない疑問」「素朴で身近だけど、すぐには答えが見つからなさそうな疑問」について、**みんなで語りあって思考を深めていく**活動です。

本書では、世界各国に広がる哲学対話のいろんな事例を紹介します。「こんなに小さい頃から!?」と驚く人もいるかもしれませんが、フランスのある幼稚園では、3〜5歳の子どもたちが哲学対話を楽しんでいます（第1章）。

そして日本では、ここ10年ほどの間に、哲学対話が社会のさまざまな場面に根づいてきました。小中高校では、「哲学対話の授業」が新しい思考力教育の方法として、注目を集めています（第1・3章）。また、大人たちは喫茶店に集まって「哲学カフェ」をひらき、日々の仕事や生活をしばし忘れて思考に没頭するひとときを楽しんでいます（第5章）。

哲学対話は、「ただの会話」とは異なります。一定のルールのもと、みんなで協力しながら思考を深めていくため、思いもよらない視点や、自分にはなかった発想がたくさん出てきます。

もしかすると最初のうちは、自分の本音を人に知られるのは恥ずかしい、と感じるかもしれません。でも、いざ話してみると、「そうそう！　私も同じことを考えてるんだ！」という人に、案外すぐ出会えるかもしれません。意外な視点や新しい発想に触れることで、自分の考えが予想しなかった方向にどんどんふくらんでいく、という体験をできるのです。

私たちのふだんの会話は、かなり急ぎ足です。相手の話をよく聞かず、すぐ反射的に自分好みの発言をし、意見が通らないとすぐ相手のせいにしがちです。

それに対して哲学対話は、ある種の「スローライフ」活動と言えるでしょう。まず相手の言葉にじっくり耳を傾ける。相手の考えに寄り添いながら、発言の意味を明確にする。そして、それがどのような根拠や前提のもとで言われたのか丁寧に理解しながら、ゆっくり考えを深めていく。哲学対話を初めて体験した人の多くは、「こんなに頭を使って考えたのは生まれて初めて！」と、心地よい疲労感を抱くようです。ゆっくり・じっくり思考することで、**考えることの本当のおもしろさ**を心ゆくまで味わえるのです。

さっそく、哲学対話の現場を見てみましょう。まずはフランスの幼稚園から。

僕らの世界を作りかえる哲学の授業——目次

第1章

教室で哲学する子どもたち

第2章

世界の子どもが学んでいる哲学の授業

フランス、アメリカ、オーストラリア…

第3章

日本の学校に広がる哲学対話の授業

AI時代のまっとうな思考力を磨く！

第4章

哲学対話における「哲学」とは何か

ただの会話とは違う、とっておきのキキメ

第5章

街角の哲学カフェ案内

大人たちもみんなで哲学する！

第6章

すぐ実践できる！　哲学対話の5ステップ

イラストレーション　大塚砂織
本文ＤＴＰ　センターメディア

第1章

教室で哲学する子どもたち

「友達と恋人の〝好き〟は同じ？」

「〝正義〟ってなんだろう？」

1.1

映画『ちいさな哲学者たち』

●フランスでは、まさかの幼稚園から「哲学」が始まっていた！

ある日の教室。

「アズアウとテオは友達」一人の男の子が話し出します。

「なぜそうだとわかるの？」と、パスカリーヌ先生。

「手をつなぐから。僕もほかの子と手をつなぐ」先ほどの男の子が答えます。

続けて先生。「友達と恋人の〝好き〟は同じ？」

子どもたちは大はしゃぎ！

しばらくしてから、ある女の子が答えます。「友達とは一緒に遊ぶ。恋人とはキスするの」

「口にね。そして結婚する」隣の男の子が、女の子の発言に言葉を付け足します。

先生は男の子に尋ねます。「友達ともキスするの？」

「ほっぺにね」と男の子。それを聞いたパスカリーヌ先生は、「友達とのキスは、ほっぺにするのね。恋人はほっぺじゃないの？」と確認します。

ここまでの話を聞いていた別の男の子が、「先生！」と声をかけます。「ママにキスしたい！」

先生がその子に語りかけます。「(ママは）恋人なの？」恥ずかしそうにもじもじする男の子。

先生はさらにみんなに問いかけます。「ママは友達なのかしら？」

「いいえ」ある男の子が答えます。

「なぜ？」「だって、口にキスするもの」「じゃあ恋人？」

「違うよ。ママの恋人はパパさ！」男の子は力強く答えます。


別の日の教室。

「頭がいいってどういうこと？」パスカリーヌ先生がみんなに問いかけます。

「ママは頭がいい。チョコペーストを冷蔵庫に入れないもの」そう答える女の子。

ある男の子は、「テレビゲームをやるとバカになる。何も学ばない」

別の女の子は、「お兄ちゃんが『スターを気取るのはバカだ』って。スターを気取る人はうぬぼれている」。思い思いに答える子どもたち。

しばらくして先生が、「大人は子どもより頭がいい？」と問うと、一人の男の子が力強く答えます。

「違うよ！　大人は僕に『お前は何も知らない』と言うけど、知ってるもん！」

それを聞いて、最初に話をした女の子も答えます。「それにパパだって、チョコペーストは冷蔵庫に入れちゃだめって知らなかった」

「チョコペーストを冷蔵庫に入れるとバカなの？」とパスカリーヌ先生。

「そりゃそうでしょ。固くなっちゃうもん」

「じゃあ、パパが頭がよくなるためにはどうすれば？」

「誰かにチョコペーストについての答えを聞けばいいのよ！」

「誰か答えを知っている人はいる？」

「戸棚にしまう」別の女の子が答えます。

「答えが見つかったね」

教室で話をしているのは、3〜5歳の子どもたち。これは、フランス・パリ近郊のある幼稚園でおこなわれている授業「**哲学のアトリエ**」の一場面です。授業の詳しい様子は、『ちいさな哲学者たち』という教育ドキュメンタリー映画で観ることができます。この映画は、日本語字幕版も製作され、東日本大震災の記憶がまだ生々しく残る2011年夏に、新宿や吉祥寺などのいくつかの小さな映画館で上映されました（のちにDVD化）。

公開当時は、「幼稚園」と「哲学」という取りあわせの意外さもあって、映画ファンに混じって幼稚園や保育園の先生、学校関係者、教育研究者や教育実践家といった人たちが連日、映画館に足を運んでいたことをよく記憶しています。私自身も、上映後のトークイベントに何度か呼んでいただいて、映画を観たお客さんたちと一緒にディスカッションしたのが懐かしい思い出です。

DVD『ちいさな哲学者たち』
（ファントム・フィルム、アミューズ）

●それってエリート幼稚園？　いいえ、じつは正反対です

フランスには幼稚園児を対象にした哲学の授業がある！

――こう聞いて、読者のみなさんはどのように感じるでしょうか。

「さすがはフランス！　子どもの頃から難しいことを教えているんだなあ……」

こういう感想が一般的ではないでしょうか。

よりネガティブに、

「幼稚園児が哲学を理解するなんて、無理に決まってる！」

「いくらなんでもエリート教育の度が過ぎる！」

「こんなに小さい頃から理屈で考える訓練ばかりしていたら、子どもらしいみずみずしい感受性が失われるのではないか？」と感じる人もいるでしょう。

でも、こうした感想は、少なくとも映画に登場するジャック・プレヴェール幼稚園の哲学の授業に関するかぎり、的外れです。

「哲学の授業がある幼稚園」と聞くと、多くの人は反射的に、すごく頭のよい子どもたちが受験をして入園するような「エリート幼稚園」を思い浮かべると思います。しかしじつは、ジャック・プレヴェール幼稚園は、それとは正反対の幼稚園なのです。

フランスでは、ミッテラン政権下の1981年以降、貧困世帯やひとり親世帯が多く住み、家庭環境の悪化などが原因で学習困難や非行増加といった問題が多く生じている地域を「教育優先地域（ZEP）」に指定し、その地域の教育機関に一般と比べて平均2・7倍の予算を配分するという政策をおこなっています。

ジャック・プレヴェール幼稚園は、まさにこのZEPにあって、優先的に配分された予算を用いて大学附設の教員養成センター（IUFM）と連携しながら「哲学のアトリエ」の授業をおこなっているのです。

ZEPの住人のなかには、多くの移民が含まれます。それゆえ当然、この地域の学校には、移民二世の子どもたちが多く在籍しています。『ちいさな哲学者たち』に登場する幼稚園児たちも、肌の色はじつに多種多様。フランスは一大移民大国なのです。

●フランス語で考え、表現する習慣を、少しずつ身につけていく

さて、移民の子どもたちが学力不振に陥る第一の要因は、言語習得の難しさです。あたりまえのことですが、フランス語で不自由なく会話したり読み書きしたりする能力がなければ、フランスの学校に入学してもよい成績を修めることは難しいからです。

さらに言えば、移民の子どもたちが学校生活や社会生活を支障なく送るためには、具体的な事柄だけでなく抽象的な事柄も含めてフランス語で思考して、それをフランス語で適切に表現する力を身につけておかなければなりません。

このため、ZEPの幼稚園や保育園では、これから本格的な学校教育を受けることになる小さな子どもたちに対し、その準備段階として、フランス語の運用に必要な基礎的な力を育てる教育の提供が求められるのです。

ジャック・プレヴェール幼稚園でおこなわれている「哲学のアトリエ」も、こうした教育の一環です。したがって、それは、「哲学」の名前こそ冠しているものの、哲学の歴史を教えたり、哲学者の思想や言葉を暗記させたりするような授業ではありません。

そこでおこなわれているのは、日々の生活で誰もが一度は立ち止まる、

「愛ってなあに？」

「自由ってどういうこと？」

といった素朴な哲学的問題について、子どもたちがお互いに自分の考えを話し、お互いに相手の意見を聞きあって、考えを深めていく授業です。

そのような対話（「**哲学対話**」と呼ばれます）を通して、子どもたちが少しずつフランス語で考え、自分の考えをフランス語で表現する習慣を身につけることが目指されているのです。

ここまで、フランスの幼稚園でおこなわれている哲学対話の授業の様子を紹介しました。

じつは現在、このような授業は日本も含めた世界各地で取り組まれ、静かな注目を集めています。この本では、世界の哲学対話の授業に、読者のみなさんをご招待します。

1.2 教室で哲学する子どもたち——ある日の授業風景

●日本のある中学校でおこなわれている「哲学」の授業

この本を書いている私もまた、日本で「哲学対話」の授業をおこなっている教員の一人です。私の勤務先は、東京都中央区にある**開智《かいち》日本橋《にほんばし》学園中学・高等学校**。神田川《かんだがわ》の下流、浅草橋《あさくさばし》のほとりに位置するこの学校は、１９０５（明治38）年設立という長い歴史を誇る日本橋女学館中学高等学校を母体として２０１５年に開校した、共学の私立中高一貫校です。国際バカロレアＭＹＰ・ＤＰプログラムの認定校としても知られます。

私は現在、この学校で哲学対話の授業だけを担当する特殊な専門教員として働いています。開智日本橋では、２０１５年度の開校以来、各クラスとも中学校の「道徳科」の授業時間から年間15時間程度を拠出し、その時間を使って哲学対話の授業をおこなっています（埼玉県さいたま市にある系列校の開智中学・高等学校でも、２０１２年度から同様の形式で授業をおこなっています）。

授業を受けるのは、中学1～3年生の全生徒。通常、道徳の授業はクラス担任が一人でおこないますが、哲学対話の授業の際には、専門教員の私が中心となって、クラス担任と一緒に授業を運営します。

私は勤務校では、学級担任を務めたり通常の教科を教えたりはしていません。しかし、養護の先生のようにフルタイムで学校に常駐して、基本的には学校のなかで哲学対話や哲学に関わる仕事に専従しています（正確に言うと、週のうちの何日かは、系列校の開智中学・高等学校や千葉県柏市の開智国際大学に出講して、そこでも哲学対話の授業をおこなったり、大学の「哲学」「倫理学」の講義を担当したりもしています）。

職場における正式な職名は「教諭」ですが、どう見てもふつうの学校の先生っぽくはない！　そこで、ハワイの高校に駐在して働いている哲学の先生にならって、とりわけ学校の外では、自らを「フィロソファー・イン・レジデンス（学校駐在哲学者）」と自称しています。

開智日本橋学園中学・高等学校、中学2年生のクラスでおこなった哲学対話の授業風景

おそらく読者のみなさんは、日本の中学生たちはいったいどんな哲学対話をおこなうのか、興味津々ではないかと思います。そこで、私が勤務校でおこなった哲学対話の授業から、いくつかの教室風景を抜き出してみます。

以下で紹介する授業は、決して特別なものではなく、開智日本橋で日常的におこなわれている「いつもの哲学対話」の教室の様子です。

●「〝正義〟っていったいなんだろう?」――中学1年生の教室から

ある日の中学1年生の教室では、アンパンマンのお話をみんなで読んでいます。アンパンマンといっても、教材として使われているのは初代アンパンマン。主人公はかわいらしいキャラクターではなくて、ヨタヨタと空を飛ぶ太った中年のおじさんです。

みんなに嫌われ、子どもたちからもバカにされてそっぽを向かれているのに、それでもアンパンを配って人助けをするアンパンマン。最終的には、自分の命を犠牲にして見知らぬ子どもを助けるアンパンマン。――お話を読み終えた後には、作者のやなせたかしが「本当の正義はかっこいいものではなく、自分も深く傷つくものだが、そういう献身の心なくして正義はおこ中学１年生の哲学対話の授業風景。思考の材料は、やなせたかし『十二の真珠』（復刊ドットコム）に収録の童話「アンパンマン」

なえない」と考えていたこともさりげなく紹介されます。

お話を読んだ生徒たちは、グループに分かれて「アンパンマンが信じていた〝正義〟って、いったいなんなんだろう？」ということを中心に意見を交換しあい、そこからゆっくりと哲学対話の問い（テーマ）を作っていきます。

このクラスでは、「**自分の身をけずってまで人を助けることが〝正義〟なのか？**」という問いをめぐって哲学対話をすることになりました。

対話が始まって最初のうちは、自分を嫌う相手にも救いの手を差し伸べるアンパンマンの姿に、「たしかにそれはえらい！」「なかなかできることじゃない」「自分が信じる正義を貫いているのはすごい」という称賛の声が集まります。

一方で、「見知らぬ子どもを助けるために自分の命を犠牲にする」というアンパンマンのやり方は、多くの生徒たちの心に引っかかりを残したようです。

ある生徒は言います。

「自分の身を犠牲にして他人を助けるって、なんとなくいい話のような気もするけど、**それって自己満足も入ってるんじゃない？**　アンパンマンの家族や友達は、たとえ誰かが救われたとしても、その代わりにアンパンマンが死んでしまったことをすごく悲しんだと思う。アンパンマンはそういう人たちのことまで考えて行動したのかな？」

別の生徒も言います。

「**アンパンマンの言う〝正義〟には、独りよがりの部分も多い**と思います。『困っている人を助ける』のも正義だけど、『命を粗末にしない』っていうのも同じくらい大事な正義。アンパンマンは、自分の信じている正義だけしか見ていないように思う。実際にはもっといろんな正義があるのに、そういうことを考えないで、**たった一つの『自分にとっての正義』だけを信じて行動するのって、よく考えると怖いこと**」

ここでは、自分を犠牲にしてでも困っている人を助けるという〝正義〟と、命は（自分の命も含めて）絶対に大切にしなければならないという〝正義〟がぶつかりあっている。それなのに、前者を貫くために後者を無視したアンパンマンに対して、生徒たちの疑念は少しずつふくらんでいきます。

そうした疑念の高まりを受けて、生徒たちはアニメのアンパンマンのお話に対しても、根本的な疑問を出しました。ある生徒が発言します。

「**そもそもアンパンマンは、ばいきんまんと戦う前に、ばいきんまんと全然話しあいをしていない**。仲間の話だけを聞いて『ばいきんまんは悪いやつだ！』って一方的に思い込んで、ばいきんまんと出会うとすぐに『アンパンチ』で殴ってぶっ飛ばしてしまう。

これだと、実際にばいきんまんが悪いことをしていたのだとしても、ばいきんまんはなんで自分が殴られたのか理由がわからないから、反省のしようがない。これじゃあ、ばいきんまんは悪事を繰り返すに決まっているから、アンパンマンは全然、悪を退治できていないよ」

この発言をきっかけに、「**そもそも悪を退治するとはどういうことか？**」をめぐって議論が始まりました。

またしばらくすると、別の生徒が次のように言い出します。

「ばいきんまんの秘密基地があるのは崖の上で、あんまり食べ物が取れるようには思えない。もし仮に、ばいきんまんの基地では食べ物が取れないから、ばいきんまんはお腹をすかせて仕方なくアンパンマンたちを襲っているのだとしたら、それを撃退するアンパンマンって〝正義〟なのかな？　**貧しい人たちが、豊かな人たちを見て『お前たちだけズルい！』って言って攻撃してきたとしたら、それに反撃することは絶対に正しいって言いきれるのかな？**」

この発言に対しては、

「いくら貧しいからといって、**暴力を使って襲うのは絶対にダメ！**」「**ルールはルール**なんだから、勝手にルールを破って強盗する人が罰せられるのは当然」という意見も出ました。

その一方で、

「そのルールを作っているのは豊かな人たちなんだから、**貧しい人たちはルールに従っていたら豊かな人たちには絶対に勝てないよ！**」という声も聞かれました。

この対話をしていたのは、ちょうど北朝鮮がミサイルの発射実験を繰り返していた時期。私自身は、対話に耳を傾けながらも、生徒たちの話を当時の国際情勢と重ねあわせて聞かざるをえませんでした。

＊なお、この授業は、中学校道徳科における内容項目のうち、おもに「公正、公平、社会正義」を扱うことを念頭に置いて作られています。「思いやり、感謝」「生命の尊さ」「よりよく生きる喜び」といった内容項目とも関係しています。この授業のねらいや学習指導課程などを含めた学習指導案は、『道徳教育（新しい教職教育講座　教職教育編7）』第8章・第2節に掲載されています。

●「言語は統一されるべき？」――中学2年生の教室から

ある日の中学2年生の哲学対話の授業では、**自分たちの言語や文化は他国の人からどのように見えているのか**を実感するために、1970年代にフランスで作られたCD『Le Monde Fabuleux Des YAMASUKI～素晴らしきYAMASUKIの世界～』をみんなで聞いています。これは、簡単に言うと、日本語の「空耳」曲。フランス人にとって「なんとなく日本語っぽく聞こえる音声」をデタラメに並べて作られた曲で、日本人が聞いてももちろん意味はわかりません（たしかに日本人が聞いても「日本語っぽい！」と思えるのですが）。

タモリの「四ヶ国語麻雀《マージャン》」のネタをご存じの方は、その日本語版を思い浮かべてもらえると理解できると思いますが、なんとも文章では説明しづらいので、興味のある方はぜひYouTubeで検索してみてください。

このちょっと不思議な曲をクラス全員で聞いて、そこから哲学対話を通して考えを深めてみたい問いを出していきます。授業をする前は、これはちょっと無茶ぶりかなと思いましたが、さすがに2年間も哲学対話の授業を受けている生徒たちは慣れたもので、おもしろそうな問いが次々と提案されました。

12個もの問いのなかから、最終的に本日の対話の問いとして選ばれたのは**「言語は統一されるべきか？」**という問い。

対話が始まるとまず出てきたのは、「言語は統一されるべきではない」という意見です。

「言葉は文化とつながっているから、大事にしなくちゃいけない。その国の言語が別の言語に変えられたら、その国の文化も変わってしまうと思います」

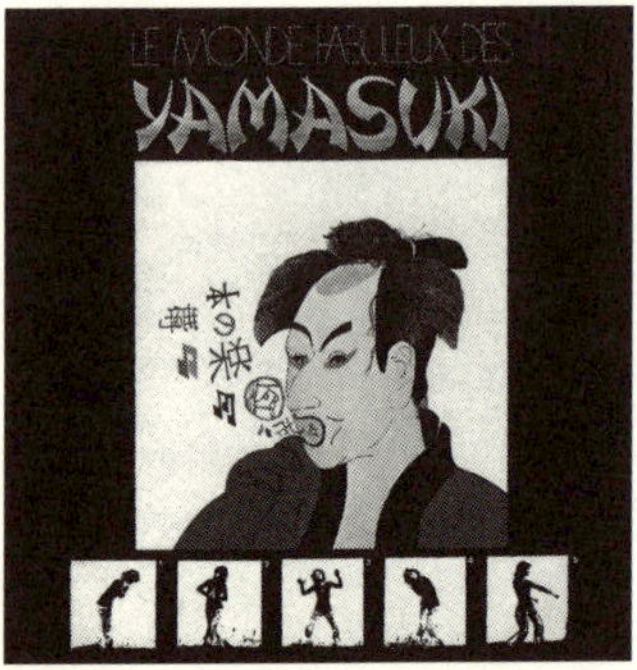

『Le Monde Fabuleux Des YAMASUKI
～素晴らしき YAMASUKI の世界～』日本盤
（ランブリング・レコーズ／現在は販売中止）

「言葉って、考えるときにも使うから、**その人の考え方や性格にも大きな影響を与えている**と思います。私はバイリンガルで英語も話すんですけど、英語を話しているときの自分と日本語を話しているときの自分って、絶対、性格が違う！　なんか英語になると、私ちょっと強気な感じになるんだよね（笑）」

これに対して、少数派ながら「言語は統一されるべき」と考える生徒たちも口をひらきます。

「いま私たちって、英語を勉強しているじゃないですか。で、英語をマスターするのって、とっても大変じゃないですか。日本人は外国の言葉を学ぶのに、すごく労力かけているなって思うんです。これに比べると、**アメリカ人やイギリス人は英語を学ぶ必要がないから、その分を数学や理科の勉強に回せる。それって効率的だし、省エネになると思う。**だから言語は統一されたほうがいいんじゃないですか」

しかしこの意見に対しては、「でもいま言語が統一されるとしたら、**どうせ英語に統一されるんだろうから、日本人が英語を勉強しなきゃいけないのは一緒だよ！**」という横やりが入り、発言した生徒も「たしかにそうかな」と納得しています。

ここで私が、「でも、言語が統一されるべきではないんだとしたら、**そもそもなんで僕たちは英語を勉強しているんだろう？**」と疑問を出してみます。

すると、「そりゃあ英語を話せる人は世界中にたくさんいるから、英語ができると便利だし……」との声。これを受けて、ある生徒が発言します。

「そう考えると、**英語って標準語みたいなものかも**……昔は日本のなかでも各地に方言があって、九州の人と東北の人とではほとんど話が通じなかったって聞いたことがあります。でもいまは、全国どこに行っても標準語が通じるようになった。おかげで、話は通じて便利にはなったけど、地方の文化がなくなって、どこも同じような感じになってしまった。**だからやっぱり、それぞれの地域の特色を残すためにも、言語は統一してはいけないのかも**……」

これを聞いていた別の生徒が、勢いよく手を挙げて熱弁をふるいます。

「**いやいや、逆でしょ！　だって、標準語のおかげで話は通じるようになったんでしょ？**　昔は住んでいる場所によって言葉が違ったから、話しあいや情報交換ができる人の範囲はかぎられていた。だからたぶん、新しくておもしろいアイデアとかがあっても、それはなかなか、ほかの地域に広がっていかなかったと思うんです。

でもいまは、標準語のおかげで話が通じるから、日本中のどんな人とも意見交換ができるし、議論もできる。そのおかげで日本の文化は昔よりずっと向上したんじゃないかな。

言語が統一されれば、これと同じことが人類全体で起きる。**もしいま、世界の言語が英語に統一されたら、日本語を知っている私たちはたぶん『日本の文化が失われた』って悲しむと思う。でも、私たちの孫ぐらいになったらどうなんだろう。**たぶん『あのときに言語を統一してくれてありがとう』って言うんじゃないかな。統一してくれたおかげで便利になったし、人類の文化がどんどん向上したって言って。だっていま私たちは、昔の人たちに対して、標準語を普及させてくれてありがとうって思ってるでしょ。それと同じだよ！」

この生徒の発言に、多数派だった「言語は統一されるべきではない」と考える生徒たちも思わず口をつぐみ、考え込みます。

私自身もはっとさせられて、対話の進行役（教員）から単なる対話のいち参加者に戻り、生徒たちと一緒に考え込みます。

「そうはいっても、やっぱり言語の消滅は文化の消滅だ」と言いたそうな生徒たちの顔がいくつも見えますが、それをどう言ったらよいか、みんな考えあぐねているようです。

＊なお、この授業は、中学校道徳科における内容項目のうち、おもに「相互理解、寛容」を扱うことを念頭に置いて作られています。

●「ゲノム編集はアリ？　ナシ？」――中学3年生の教室から

ある日の中学3年生の教室では、身近なトピックから少しだけ飛翔して、生命倫理学とも結びつく、最近ホットな話題について白熱した対話が交わされています。

テーマは「**ゲノム編集**」。２０１８年11月に、中国の南方科技大学に所属していた賀建奎《がけんけい》副教授が、ゲノム編集をおこなった受精卵から双子の赤ちゃんを誕生させたという衝撃的なニュースが世界中を駆けめぐりました。

中学3年生の生徒たちは、この頃ちょうど理科の生物の授業で、遺伝子やゲノム編集について学んだばかり。ちょうどよい機会ということで、この日の哲学対話の授業では、このことの是非について対話することになりました。

まず、対話をおこなう前に、このニュースについての簡単な講義をおこないます。それによって、ニュースを知らなかった生徒にも情報を提供すると同時に、対話の論点を整理します。大きなポイントは2点あります。一つは、賀副教授は、この研究を、あくまでも病気の予防(HIVの父子感染の予防)目的でおこなったこと。もう一つは、この研究は、中国を含む多くの国の法律では禁止されていることです。

生徒たちは、こうした説明をもう少し詳しく聞いた後に、「**賀副教授の行動は倫理的に許されると思うかどうか**」を5分間かけてワークシートに書き、そのシートを手に持って哲学対話を始めました。

この日の哲学対話は、ふだんと違って、教員である私が用意した問いについてみんなで考えています。またこの日は、賀副教授の行動が倫理的に「アリ」だと思う人と「ナシ」だと思う人に分かれて座っているのも、いつもとは様子が違っています。こうしたことに、最初こそわずかに戸惑いを示していた生徒たちですが、いざ対話が始まるといつも以上に活発な意見のやり取りが交わされました。

クラス全体で見ると、「ナシ」だと思う生徒が4分の3程度で多数派。「アリ」だと思う生徒が4分の1程度で少数派です。

「ナシ」だと考える生徒たちが次々と口をひらきます。

「どう考えても、これはありえない。**はっきり言って気持ち悪い。**人間が手を出していい領域を超えて科学を使ってる。絶対にダメ」

「これって結局、お金のある人の子どもだけがこういう予防を受けられて、**お金がない人はそのまま放置されるってことですよね。だったらやっぱり差別だと思います。**だからこれはナシ」

「この人は病気予防のためって言ってるけど、こういうことを一度認めてしまうと、**絶対に人間はこういう技術をエスカレートさせて、頭のいい子どもとか性格が素直な子どもとかを作ろうとする**と思う。だから、病気を言い訳にしてこういう研究を許しちゃダメ」

「いかなる理由があろうとも、**法律に違反した研究はやっちゃダメ**でしょ」

「ナシ」だと思う生徒が矢継ぎ早に主張する意見のうちのいくつかは、生命倫理学の教科書などでしばしば目にする典型的な意見と重なっています。なかなか説得力のある主張が続いて、「アリ」だと考える生徒たちはやや気圧されています。

そんななかで、「アリともナシともどちらとも言えないよ」と言いながら椅子を動かして座っていた生徒が手を挙げます。

「**正直、微妙なんですよ。どっちとも言えない**。病気予防以外の目的で人間のゲノムを編集するのは絶対に許されないと思うんです。ほかの人たちも言ってたように、お金がある人が好きなように自分の子どもをデザインし始めたら、格差がすごく広がっていくと思うし。でも、今回は目的が病気予防なんですよね……病気にならないためなら仕方がないのかな……エイズを発症したら助からないわけで、つまり命にかかわることなのだから……」

すると、これを聞いていた「アリ」派の生徒の一人が発言を求めます。

「親としては、子どもが自分と同じ病気になるなんて絶対に嫌で、なんとしてでもそれを避けようと思って、この大学の先生にお願いしたんですよね。それって、**子どもの幸せを第一に思って行動したってことでしょ。それの何が悪いの？**　子どもが重い病気で不幸にならないようにって必死で祈って、その思いを受けてこの先生が受精卵にゲノム編集をしたのだとしたら、どこに問題があるのか私にはわからない。ゲノム編集によって命が救われて、幸せが増えるんだったら、**どんどんやればいいじゃん！**」

この発言に勇気づけられたかのように、もう一人の「アリ」派の生徒も手を挙げます。

「だから正直に言えば、ゲノム編集の何が悪いのか僕にはよくわからないんだよ。たとえば、親が子どもの幸せを願って、子どもが少しでも生きやすくするためにゲノム編集してIQの高い子どもを産む。これだって、子どもの幸せを思ってしていることなんでしょ。だったらいいじゃん。好きなようにゲノム編集したって。**頭のいい子、病気にならない子、性格のいい子、スポーツ万能の子、そういう子がたくさん産まれたほうがみんな幸せじゃない？**　少なくとも僕は、勉強が苦手で小さい頃からずっと苦労してきたから、そういう思いを子どもにはさせたくないってすっごく思ってるよ」

これに対して、「ナシ」派の生徒が手を挙げます。

「でも**それって、まるで子どもが親にとっての〝モノ〟になっちゃうような感じ**が私にはする。『私たちはあなたに頭のいい子になってほしいからゲノム編集したの。なのにあなたは、なんで勉強しないの？　あなたをそんな子に〝作った〟覚えはありません！』なんて言われたら、私だったら生きていけないなあ」


ここで私が、嫌われ役を買って出て、次のような話をして生徒たちを挑発します。

「そうはいっても、**みんなだって私立の学校に通ってるってことは、親御さんに同じような期待をかけられてるってことじゃない？**『せっかく高いお金を払って私立の学校に行かせてるのに、なんであなたは勉強しないの？』って言われるのと、さっきの話は何が違うんだろう？」


何人かの生徒の顔が曇ったのが見えましたが、気づかないふりをします。

すると次に、別の生徒が、また別の論点を出してくれました。

「**ゲノム編集のいちばんの問題は、生まれてくる子どもの同意なしに、勝手に遺伝子をいじっちゃってること**だと思います。私がゲノム編集された子どもだとしたら、たとえ病気の予防が目的でも、ちゃんと私の同意を取ってからゲノム編集してよ、って怒ると思う。そのせいで思わぬ副作用が出るかもしれないし、そうなったときにそれで苦しむのは私なんだから。とはいえ、ゲノム編集は生まれる前にするのだから、同意は絶対に取れない。だから私は、**本人の同意が取れないという点で、これはやってはダメなことだ**と思いました」

この意見に対して、「でも、**命に関わる病気の予防や治療に関することなら、本人の同意はいらないいんじゃないかな**」という声もちらほら聞こえます。

しかし、残念ながらこのあたりで時間切れ。チャイムが鳴って、昼休みに入ってからも、一部の生徒がこの問題について熱心に議論をしていたと、あとでクラス担任の先生が私に教えてくれました。

＊なお、この授業は、中学校道徳科における内容項目のうち、おもに「生命の尊さ」を扱うことを念頭に置いて作られています。「真理の探究、創造」「遵法精神、公徳心」「よりよく生きる喜び」といった内容項目とも関係しています。

1.3 なぜ学校で、子どもたちに哲学を学ばせるのか

●開智日本橋の「哲学対話」ルール

開智日本橋では、前節で紹介したような中学生同士の哲学対話が、毎週必ずどこかの教室でおこなわれています。

哲学対話の流れを少し説明すると、まずは机を教室の四隅に下げて、クラス全員がお互いに顔を見合えるように椅子だけをサークル状に並べて座ります。教員（私とクラス担任）も生徒と一緒にサークル内に座ります。

思考の素材（教材）をシェアした後で、生徒たちと一緒にその回の対話の問いを考えます。問いが決まったら、教員（おもに私）が進行役を務めて哲学対話をおこないます。対話の際には、毛糸でできた「コミュニティボール」を使います。発言したい人は（進行役の教員も含めて）手を挙げてボールを受け取ってから話します。

基本的には板書はせず、教員も含めて全員で考えることに集中します。ただ、話が込み入っ

たときなどには、担任の教員やクラスの「哲学・道徳係」の生徒に依頼して、黒板に簡単な対話のメモを取ってもらうこともあります。授業の最後には簡単なふりかえりをおこなったり、コメントシートを書いてもらったりすることもあります。

なお、哲学対話の授業の具体的な手順や進め方は第6章で詳しく説明しますので、あわせてお読みください。

対話中は、毛糸で作った「コミュニティボール」を使う

開智日本橋の哲学対話の授業の基本形は以上のとおりですが、もちろん、毎回全クラスとも必ずこの形式で授業をおこなうわけではありません。進め方や手順は、状況に応じてフレキシブルに変えていきます。

たとえば、いつもクラス全員（約30人）で対話をすると、どうしても対話の参加人数が多すぎるように感じます。そのため、ミニグループに分かれて対話した後で各グループの意見を全体でシェアし、そこからクラス全体で哲学対話をおこなうこともよくあります。

2時間1セットで授業を計画し、1時間目はワークシートを用いたグループワークや個人ワークにあて、翌週の2時間目にそこから問いを作って哲学対話をおこなうこともあります。

第6章で紹介する「サイレント・ダイアローグ」をおこなって、クラスメイトと書面で間接的に対話することもあります。同じやり方ばかりで子どもたちが飽きてしまうのを避け、毎回子どもたちがどれだけ新鮮な気持ちで思考を楽しめるようにするかが、哲学対話の専門教員（フィロソファー・イン・レジデンス）としての私の腕の見せ所です。

●「まっとうな思考力」を育てるために

この本の冒頭で紹介したフランスのジャック・プレヴェール幼稚園では、フランス語で考えフランス語で表現する習慣を身につけるために哲学対話の授業をおこなっていました。

これに対して、開智日本橋では、生徒自身が自らの意志で物事をじっくり深めて考え抜く**「まっとうな思考力」を育成する一助として**哲学対話の授業を取り入れています。

開智日本橋は、行事の運営や生徒会・委員会活動などの学校生活全般で、生徒たち自身が考え、判断し、行動することを強く求める学校です。教員も、生徒に先んじて行動してしまうのではなくて、生徒が自発的に行動を起こすのを待って、そのサポーターとして生徒を援助していくのが基本です。

このためたとえば現在も、ＬＧＢＴＱに関心をもつ生徒たちが中心となり、「女子生徒の制服にスカートだけでなくスラックスも選べるようにしてほしい」という声をあげています。そして教員を巻き込みつつ生徒たち自身の手で起案書を作成し、制服制度の改革をおこなっている最中です。

開智日本橋では、このように生徒主体で学校を運営していくことを理想として掲げています。それが可能であるためには、生徒が自分たち自身で身の回りのさまざまな出来事についてじっくりと考えるスキルと態度を身につけておく必要があるのです。

これに加えて、開智日本橋では、学校をあげて「**探究型の学び**」に取り組んでいます。それは、「生徒自らが疑問を持ち、仮説を立て、検証して自分なりの答えを導」くような学習です（＊開智日本橋学園中学・高等学校のウェブサイト内「教育の特徴」）。

学校では、このような探究型の学びをすべての授業に取り入れることを目指しています。そうした教育を成功させるためには、生徒自身がさまざまな物事に好奇心を抱き、自ら「問い」や「疑問」を抱いて主体的に考える姿勢を十分に身につけておかなければなりません。

そのため開智日本橋では、中高一貫校での低学年にあたる1〜3年生の生徒たちに対して、通常の授業とは異なる「余白」の時間をあえて与えます。自分たちで立てた問いについて対話しながら考える機会を生徒に提供することで、探究型の学びを主体的におこなううえで必要な「**基礎体力作り**」をおこなっているのです。

開智日本橋では、以上の目的を達成するために、哲学対話の授業を教育課程のなかに組み込んでいます。そして、このような教育目標を実現するために、哲学対話の具体的な授業計画を立案し、教材開発・教材研究をおこなって、教室のなかで生徒やクラス担任とともに「**哲学する授業**」を運営することが、開智日本橋における私の最も中心的な職務です。

そこでここから、私が具体的にどんなことを大切にして、どんなことに注意を払い、どんな方針の下で学校に「哲学する空間」を作り出そうとしているのかについて述べます。やや理念的で原則的な話かもしれませんが、私自身が掲げる理念を理解していただくことを通して、私が学校でおこなおうとしている「まっとうな思考力の育成」とは具体的にどんなものなのか、ある程度のイメージを共有できるのではないかと思います。

●ゆっくり時間をかけて「問い直す」

私の授業では、哲学対話が「参加者みんなでゆっくり・じっくり考えを深めることをいちばんの目的とした対話の時間である」ことを、何度も何度も繰り返し強調します。

私自身が哲学対話を通して生徒たちに身につけてもらいたいと思っているのは、問題をスピーディーに「解決する」スキルではなくて、小手先では太刀打ちできない大きな問題の前で立ち尽くし、ひたすらに考え、ゆっくり時間をかけて問題を「問い直す」姿勢であるからです。

しかし、「話しあって何かをする」のではなく、「**ただただ話しあって考えを深める**」のが**どういうことなのか**は、子どもも大人も関係なく、じつはほとんどの人はよくわかっていません。

そもそも私たちがふだん誰かと話すのは、多くの場合、必要な情報や連絡事項を伝えあったり、相手の意志をお互いに確認しあったり、共感や不満をつぶやきあったりするためです。ただただ「考えるためだけ」に話すことは、じつは多くの人はほとんど経験していないのです。

学校（や会社）でわざわざ時間を作って「クラス全員で話しあおう」と言われるのも、たいていは、「みんなの意見をまとめて何かを決める必要があるとき」（たとえば、文化祭の出し物を決めるとき）や、「みんなが感じたことをお互いにシェアするとき」（たとえば、校外学習で印象に残ったことをお互いに発表しあうとき）や、「あるテーマをめぐってみんなで議論を戦わせるとき」（たとえば、校則は必要か不必要かについてそれぞれの立場に分かれて議論を戦わせるとき）です。

生徒たちも、このような種類の話しあいには慣れていて、どのようにふるまえばよいかは理解しています。

しかし、「そうではなくて、この時間は考えを深めるためだけに話しあいをするんだ」といきなり言われると、生徒たちはみんな必ず戸惑います。

そこで私は、年度初めの哲学対話の授業では、必ず次のような話をすることにしています。

＊＊＊

対話の授業と聞くと、おそらく多くの人は、積極的な発言が望まれていると考えると思う。でも、発言することはじつはさほど重要ではない。哲学対話は、お互いの話を聞きあいながら、物事をゆっくり、じっくり、粘り強く考える練習をする時間なんだ。だから、自分の意見を「話す」ことよりも、**他人の意見を「聞いて考える」ことのほうが重要**なんだ。

また、哲学対話では、みんなの意見をただシェアして「みんな違って、みんないいね」と言いあうだけではない。お互いに相手の意見に対して疑問を述べあったり反論しあったりする。でもこれは、議論で相手をやっつける（「論破」する）ことが目的じゃない。

むしろ、疑問を突きつけられたり反論されたりすることで、**自分の意見の弱点に自分で気づいて考えを前に進められるようになることが大事**なんだ。だから、哲学対話では、議論に「勝つ」ことよりも「負ける」ことのほうが重要だ。

そして、誰かの意見が納得できなくて「**反論**」することは、言葉の暴力で誰かを非難したり否定したりする「人格攻撃」とは違う。だから、哲学対話のなかでは誰かに反論されても傷つく必要はないんだよ（逆に言えば、哲学対話のなかで反論するときは、人格攻撃にならないようによくよく注意しなければいけないんだ）。

さらに言うと、物事を本気でゆっくり・じっくり考えて対話していくと、一見同じ考え方も細かく見るといろいろ違うことがわかってくる。話はまとまるどころか、むしろどんどんバラバラになっていく。

だから、哲学対話では、**みんなの意見を一つにまとめる必要もないし、「結論」を出す必要もない**。とにかく、考えることだけに集中して、考えること自体を楽しめたら、それがいい哲学対話の時間なんだ。

＊＊＊

このような話を生徒たちにすることで、「ただただ話しあって考える」ことだけを目的にする哲学対話がどういうものか、ある程度の具体的なイメージを共有できるのです。

●哲学対話を成功させる、5つの心得

さらに、実際の授業では、クラス全員でゆっくり・じっくり考えを深めていくために、5つの「哲学対話の心得」（P51）を生徒たちに繰り返し示します。

この心得を通して、生徒たちは、考えを深めるには具体的にどうふるまえばよいかがわかり、どんな姿勢や態度でこの授業に臨めばよいか理解できるようになるのです。

①と④の心得は、哲学対話の目的はあくまでも「考えを深めること」である、と生徒も教員も常に意識するためのものです。

学校での「対話の授業」と聞くと、生徒も教員もすぐに、子どもたちの挙手が途切れない「活発」な授業こそがよい授業（目指すべき授業）であると、半ば強迫的に思い込んでしまいがちです。

しかし、哲学対話の第一目的は「考える」ことなので、手を挙げての発言が必ずしもいつも称賛されるとはかぎりません。

そこで、この心得を通して、哲学対話の授業では思いつきをすぐに話すよりも、ほかの人の話を聞いてよく熟考してから発言するほうが推奨されることを伝えます。


また逆に、クラスメイトの意見をよく聞いて考えているうちに発言しそびれたとしても、また頭のなかでは思考がぐるぐる回っていたけれど発言が苦手だから黙っていたとしても、それは授業にちゃんと参加できたことになると、この心得を通して伝えます。

話さないことや沈黙が続くことは、哲学対話にとっては必ずしもネガティブなことではありません。

たしかに、考えるのが面倒くさくなって参加を放棄したり、お互いに発言を牽制《けんせい》して気まずい沈黙が続いたり、思考停止状態で話せなくなったりしたら、それはあまりよい哲学対話とは言えないでしょう。

しかし一方で、頭のなかがアクティブに動いてぐるぐる回転しているときも、話すこと以上に考えることに意識が向けられるため、そんなに積極的には発言できなくなることも多いので

哲学対話の心得

①手を挙げて話すことよりも、
よく考えることを大事にしよう。

②真剣に考えたことであれば、
ほかの人を傷つける発言でないかぎり、
どんなことでも自由に話してよい。

③わからないときは恥ずかしがらずに
「**わからない**」と言おう。
＊「意見」よりも「**質問**」を大事にしよう。
（なんで？　どういうこと？　たとえば？　つまり？）

④**沈黙は気にしない。**

⑤**相手の話をよく聞こう。**
＊相手の考えをいかして自分の考えを深められるように。
＊教室にいる全員が安心して自分の考えを話せるように。

す。**ゆっくり・じっくり考えを深める授業では、考えるための時間も沈黙も必要である**ということを、この2つの心得は思い出させてくれます。

②の心得が示すのは、哲学対話の授業中の発言には基本的にタブーがないということです。教員や大人の前で話したらふつうは怒られそうなこと（例：「なんで学校に行かなくちゃいけないの？」「授業中にスマホをいじったって別にいいじゃん！」）や、一般常識や社会通念から外れたこと（例：「お金があれば働かないで一生遊んで暮らしたっていいよね！」「魚とだって友達になれるのかな？」）も、哲学対話の授業中は自由に発言していいし、自由に考えていいと伝えます。

なぜこのようなことを心得として伝えるのかというと、物事を形だけでなく本気でつきつめて考えていこうとするならば、原理的にはあらゆるタブーを取り払い、真に自由に柔軟に思考することができなければならない（そのことが保証されていなければならない）からです。

さらに言うと、**常識や既成概念にとらわれていては考えをどこまでも掘り下げていけないので、型破りで常識外れの発言や思考はこの授業ではむしろ**（真剣に考えた結果であるならば＝ふざけたその場かぎりの思いつきでなければ）**大歓迎**であることも伝えます。

だからこそ逆に、そういう発言をした人が肩身の狭い思いをしないように、ちょっと変わった意見を言っても茶化したり冷やかしたりしてはいけない、とも伝えます。また、クラス全員で対話する授業であるため、唯一のタブーとして、対話の参加者を傷つける発言だけはしてはいけないことも伝えます。

以上の心得は、一緒に授業をおこなうクラス担任はもちろん、学年主任や管理職にもあらかじめ丁寧に説明し、その意義をしっかり理解してもらいます。そのうえで、授業中の発言を授業後に問い質《ただ》したり生徒指導で使ったりしないように、教員や学校にも約束してもらいます。

そうすることで、生徒たちは初めて、哲学対話の授業でどんなことでも安心して自由に思考し発言できるようになるのです（このことがもたらす哲学対話に固有の効能については、第4章で述べます）。

③の心得は、哲学的に考えるときには物事が「わかる」ことも大事だけれど、それ以上に、じつは「わからない」と気づくことが、考えを深めていくうえで重要なきっかけを与える、と生徒と教員が意識するためのものです。

古代ギリシアの哲学者**ソクラテス**は、こう考えました。知識人と呼ばれる人たちは、本当は知らない多くのことを「知っている」と思っているが、私は「自分が知らないことを知らないと思っている」点で、知識人たちよりはわずかに知恵があるようだ、と。

知識人ではない私たちも、ふだんは世の中の多くのことを「知ったつもり」で生活していて、あえて問い直すことなくスルーしています。しかし、ひとたび立ち止まって見まわしてみると、じつはこの世は謎だらけ、わからないことだらけです。

哲学対話で扱う哲学的な問い（たとえば「心はどこにあるの？」「大人と子どもの境目は？」といったような、私たちの常識のさらに深い基盤を揺さぶるような問い）は、私たちにそのことを思い出させてくれます。そして、そうした「**無知の気づき**」こそが、私たちの頭のなかに思考を呼び起こすのです。

哲学対話をするなかで、それまでわかっていると思っていたことがじつはよくわかっていなかったと気づいたら、それを率直に認めて立ち止まり、どこがなぜわからないのかをじっくり考えるように生徒たちを促します。

同じように、対話で誰かの発言のなかによくわからない点があったら、それをなんとなくスルーして聞き流すのではなくて、きちんと質問して自分の不明点を明らかにするよう促します。もしかしたら、相手に質問することで、相手もじつはよくわかっていなかったことに気づくかもしれません。それは哲学的にはしめたものです。なぜなら、そのことによって、相手も自分の発言を再び考え直せるようになるからです。

考えを深めていくためには、**意見を「主張」しあうことよりもむしろ、お互いの意見に対して「質問」しあうことのほうが重要**です。哲学対話では、質問を通してお互いに「無知」に気づきあうことで、思考をさらに奥深くに進めていけるのです（この点については、第4章であらためて述べます）。

一方で教室というのは、「わからない」と発言しづらい場です。教室はふだんは「知識」を学ぶ場であるので、「知っている」「わかる」ことだけが肯定的に評価され、「知らない」「わからない」のは否定的に捉えられざるをえないからです。

さらに、教室にかぎらず一般的に言って、人に積極的に「質問」するのは、あまり歓迎されることではありません。質問はときとして「問い詰め」になり、人を非難したり攻撃したりする暴力的な行為になることを、子どもたちも含めて多くの人は経験上、知っているからです。

だからこそ哲学対話の授業では、③をあえて心得として掲げることで、わからない人が自信をもって堂々と「わからない」と言えるような環境を作ります。

安心して「わからない」と言え、お互いに「わからない」を問いあえる「**知的に安全な空間**」を保証することは、ゆっくり・じっくり考えを深めることに集中するうえで不可欠なのです

（「知的に安全な空間」という表現は、ハワイの哲学対話の実践で重視されている「知的に安全な共同体」という考

え方を参考にしたものです。詳しくは第2章で述べます）。

⑤の心得は、哲学対話が「一人きり」で考える授業ではなく、「みんなと一緒に」考えを深める授業であることを思い出すためのものです。

「考えを深める」ことは、基本的には一人でもできます。事実、哲学者と呼ばれる人々のなかには、孤独に耐えてたった一人で思索を深めてきた思考のプロフェッショナルも多く含まれます（一方で、他者との議論を通して思考を発展させていった哲学者たちも、同じくらい多くいるのですが）。

しかし、たった一人で頭をひねってうんうん考えるのは、じつは難易度がかなり高い方法です。なぜなら、③の心得でも触れたように、思考を前に進めるには、自分の考えの弱点や不明点に気づいて、それを修正していく必要があるのですが、自分一人だけで弱点（自分の考えのわからないところ）に気づくのはとても難しいことだからです。

私は哲学対話を進行する際に、しばしば生徒に「自分の意見に自分で反論してごらん」と声をかけることがあります。すると多くの生徒は、それはとても難しい課題だと言います。自分がある意見に賛成しているとき、それを支える別の理由は思いついても、それを否定する理由や、反対意見を支える理由は全然思い浮かばないからです。

こんなときに、最も簡単な思考の深め方は、自分とは異なった意見をもつクラスメイトに協力してもらって、自分の意見に質問や反論をしてもらうことです。意見の異なる人同士であれば、お互いの意見に対する疑問点や弱点が自然と浮かんでくるので、それを伝えあうだけでお互いの思考を前に進めることができるのです。考えをゆっくり・じっくり深めるときに**いちばん手助けをしてくれる人は、じつは、自分とは意見の異なる「論敵」**なのです。

このため、哲学対話の授業では、お互いに相手の話を注意深く聞きあうことが非常に重要となります。対話を通して考えを深めていくには、自分とは異なる意見から刺激を得ることが必要で、そうするためには何よりも、相手の話をよく聞いて理解することが求められるからです。

こうしたことから結果的に、哲学対話をおこなっている教室は、子どもたちのどんな発言も「敬意」をもって真剣に聞かれ、非難や人格攻撃とはまったく異なった、相手の考えを深めるための疑問や反論が行き交う「知的に安全な空間」に作りかえられることになります。

参加者全員がお互いに相手の考えを参考にしあって自分の考えを深めたいと本気で思うとき、哲学対話は、そのような「**協力プレイ**」**を通して、参加者同士を一種独特の連帯感とお互いに対する敬意で結びつけることができる**のです。

以上が、開智日本橋で哲学対話の授業をおこなっている私の、哲学対話に対する基本的な考え方です。また、私が授業を設計する際の基本方針であり、対話の最中に最も気にかけて注意を払っていることです。授業は私の責任の下で運営されるので、以上の基本方針の下でおこなわれるのが「開智日本橋スタイル」の哲学対話であると言ってもよいかもしれません。

おそらく私のスタイルは、冒頭で紹介したパスカリーヌ先生のスタイルとは、細かいところでいろいろと異なるでしょう。ジャック・プレヴェール幼稚園の目的と、開智日本橋の目的とはそれぞれ異なるのですから、スタイルに違いが出るのは当然のことです。

しかしどちらの学校でも、哲学的な問いをめぐってゆっくり・じっくり考えを深めることを中心に授業が進むことは、共通すると言ってよいでしょう。

このような哲学対話の授業は、世界各地の学校で、また日本各地の学校でも、さまざまな教育目的を達成するために取り入れられています。次章では、いったん日本を離れて、このような授業はどのように誕生し、どのように世界中へ広がっていったのかを見ていきます。

第2章

フランス、アメリカ、オーストラリア…

世界の子どもが学んでいる哲学の授業

2.1 子どもの哲学のはじまりと発展

●「暴力」を選ぶ大学生たちへの危機感

パスカリーヌ先生がパリでおこなっている哲学対話の授業も、私が東京でおこなっている哲学対話の授業も、ルーツは同じです。どちらの授業も、1960年代末から70年代にかけてアメリカの一人の哲学者が始めた、一風変わった教育実践に端を発しています。

その哲学者とは、**マシュー・リップマン**（Matthew Lipman 1923～2010）です。

リップマンはコロンビア大学で博士号取得後、19年間にわたって同大学の教員を務め、哲学の教授として学生に「哲学」「論理学」「現代文明」などを教えました。哲学研究者としてのリップマンの専門は、芸術や美の本質を探究する「美学」と呼ばれる分野で、「教育学」や「哲学教育」は彼の本来の専門ではありませんでした。

それなのに、いったいなぜ彼は、子どもたちと一緒に哲学対話をするという独自の教育活動を始めたのでしょうか。

リップマンが大学教員を務めていた1960年代は、世界中で大学が大きく揺れ動いていた時期でした。さまざまな政治的・社会的な問題を前に若者たちが立ち上がり、大学を拠点にして大規模な抗議活動がおこなわれました。

日本でも、1960年代から70年代にかけて、安保闘争や全共闘運動などの学生運動が盛んになったことはよく知られますが、これと同じ時期にアメリカの大学生の間で大いに盛り上がっていたのが、ベトナム反戦運動でした。そして、そのなかでもとくに激しい学生運動が起こったのが、リップマンの勤務するコロンビア大学だったのです。

日本の学生運動で、過激化した学生がしばしば暴力に訴えたり大学の校舎を占拠したりしていたように、コロンビア大学の学生運動でも、学生たちが複数の建物を占拠してバリケードを築き、校舎内に立てこもる事件が起きました（こうした様子は、アメリカ映画『いちご白書』にも描かれています）。リップマンは、大学教員の立場として、こうした学生たちに対峙《たいじ》することを余儀なくさせられたのです。

リップマン自身は、学生たちの運動に同情する部分も少なくなかったようですが、一方で彼は、学生たちの過激さや暴力性は、大学の変革よりむしろ破壊に結びつくとも考えました。

また、それ以上に彼は、自分が哲学や論理学の授業を通して「思考のスキル」「考えることの重要性」を教えてきたはずなのに、現実の学生たちがよく考えず、情動に流されて過激な行動を取っていることにショックを受けました。

コロンビア大学といえば、アメリカでも有数の名門大学ですが、その学生でさえ理性的に思考するのをやめ、結果として暴力を問題解決の手段として選んでしまうことに、彼は強い危機感を抱いたのです。

●リップマンがP4C（子どもの哲学）を開発

このような経験を通して、リップマンの研究上の関心は、「哲学の研究」から「**哲学を利用した思考力教育の研究**」へと徐々に移りました。

そして彼は、本物の思考力を育成するためには、小学生の頃から時間をかけて物事をじっくり考える習慣を身につけていく必要があり、大学に入ってから急に教育を始めようとしても遅い、と考えるようになりました。

そこで彼は、哲学や論理学のエッセンスをふんだんに取り入れたオリジナルの物語形式の哲学教材『ハリー・ストットルマイヤーの発見』を作成して（1969年）、アメリカ・ニュージャージー州モントクレアにある公立ランド小学校を皮切りに、いくつかの学校で子どもたちと一緒に教材を読んで対話する独自の授業をおこなうようになりました。

リップマンは、自身のこの教育活動を「Philosophy for Children」と名付け、その頭文字を取って「**P4C**《ピー・フォー・シー》」と呼びました（「for」を「4」と表記したのは、単なる当て字です）。これが現在、世界の子どもたちが学んでいる哲学対話の授業のおおもとです。

ちなみに、「Philosophy for Children」は、日本語では「**子どもの哲学**」「**子どものための哲学**」「**こども哲学**」などと訳されます。

その後リップマンは、自ら開発した子どもの哲学の実践・研究・普及活動に専念するため、コロンビア大学の哲学教授の職を辞して、もともとは教員養成大学であったモントクレア州立大学（当時はモントクレア州立単科大学）の教授に就任しました。

そこで、後に彼の活動の最良の協力者になるアン・マーガレット・シャープと出会い、彼女とともに大学内に「**子どもの哲学推進研究所**（Institute for the Advancement of Philosophy for Children: IAPC）」を設立します（1974年）。リップマンとシャープらは、この研究所を拠点にして、6

~17歳をカバーしたそれぞれテーマの異なる8冊の教材とその教員用マニュアルを出版。学校教員を対象にした研修ワークショップを開催。子どもの哲学を専門的に研究するための教育専門職博士課程を設置、などと精力的に活動します。

その結果、子どもの哲学の授業は、1970年代末までに（実験的な取り組みも含めると）全米の約5000の教室でおこなわれるようになりました。

また、教員研修や研究、大学院留学などのために国外からモントクレア州立大学に集まった学校教員や研究者たちは、そこで学んだ授業法を自国に持ち帰り、それぞれの現場に合わせて独自に実践をアレンジするようになりました。

リップマンがアメリカで始めた子どもの哲学は、こうした経緯を経て現在、全世界の50~60の国や地域に普及。さまざまな学校や教育機関で実践されています。

2.2 世界に広がる子どもの哲学

リップマンはもともと子どもの思考力を育成する教育プログラムとして子どもの哲学を開発したのですが、現在の子どもの哲学は、単なる思考力教育のツールとしてだけでなく、その学校や地域が抱えるさまざまな教育的課題を解決する手段として用いられています。

ヨーロッパでは、フランス以外にも、イギリス、ドイツ、オーストリア、スペイン、イタリアなどで取り組まれています。

本節では、世界に広がる子どもの哲学の取り組みの一端を紹介します。

●オーストラリア

現在、世界のなかで子どもの哲学が最も盛んな国といわれるのが、オーストラリアです。オーストラリアでは、1982年にロランス・スプリッターがモントクレア州立大学のリップマンのもとを訪れたことがきっかけで、子どもの哲学を学校教育に取り入れる機運が高まり、87

年に「**オーストラリア子どもの哲学研究所**（Australian Institute of Philosophy for Children: AIPC）」が設立されました。

94年には、子どもの哲学の実践校はオーストラリア全土で310校にまで増え、その90%が小学校であったそうです。97年に、クイーンズランド州のビューランダ州立小学校で子どもの哲学を導入すると、98〜99年にかけて数学・理科・国語の学力試験で子どもたちの成績に著しい向上が見られ、教育関係者や保護者の注目を集めたほか、入学希望者も増加しました。

こうしたこともあって、オーストラリア国内での子どもの哲学の注目度は高まりました。現在では、オーストラリア各州とニュージーランド・シンガポールの子どもの哲学の団体を統合する「**オーストラリア初等・中等学校哲学協会連合会**（Federation of Australasian Philosophy in Schools Associations: FAPSA）」が組織され、この連合会が中心となって、教材開発、教員に対する研修会の開催、教育理論の研究（学術誌の刊行）、「フィロゾソン（子どもが参加する哲学対話の全国規模の大会）」の運営などがなされています。

また、2009年には、日本の学習指導要領にあたる「ナショナル・カリキュラム」のなかに哲学を導入するための提言もおこなわれました。

●ハワイ

もともとアメリカ生まれの子どもの哲学ですが、ハワイ州では独自の進化を遂げていることが世界的に知られています。ワイキキビーチのすぐそばにあるワイキキ小学校や、オアフ島南東のカイルア地区にあるカイルア高校などで、ハワイの子どもの哲学は取り組まれています。

その中心にいるのは、ハワイ大学の**トーマス・ジャクソン**という人物です。子どもたちからは「Dr.J《ドクター・ジェイ》」と呼ばれて絶大な人気を誇っています。彼が掲げる「あわてない、あわてない（we are not in a rush)」というのが、ハワイ流の子どもの哲学のスローガンです。

アメリカが移民の国であることはあらためて言うまでもありませんが、ハワイ州は伝統的に東西文化の交差点であり、先住民族も含めてじつに多様な背景をもった人々が混ざりあって暮らしています。歴史的経緯から日系人も多く住んでいる土地柄であり、ハワイの学校を訪問すると、日本語を話せる子どもたちに歓迎されることがしばしばあります。

このため、ハワイの学校の教室には、多様な人種と、それにもとづく多様な文化的・言語的・経済的背景をもった子どもたちが混在していて、それがきっかけで子ども同士で争ったり、校内暴力に発展したりすることがよくあるのだそうです。

こうした環境で実践されるハワイの子どもの哲学では、**教室のなかで自分が自分らしく自分のままでいられること**を何よりも重視しています。

そのために、クラスメイトの考えを丁寧に聞きあい、自分とは異なる考え方をもつ相手をあくまで尊重しつつ、自分が納得できないときは無理に迎合《げいごう》せず、違いを違いとして本当の意味で認めあう（違う考えを否定するのでもなく、妥協して受け入れるのでもなく、自分らしい自由なあり方を保持したまま認める）仕方で対話をするのです。

このような対話で醸成される空間を、ジャクソンは「**知的に安全な共同体**（intellectually safe community）」と呼びます。哲学対話を通して、教室をこのような「知的に安全な共同体」に作りかえていくことが、ハワイの子どもの哲学の最終目的なのです。

実際、先に触れたカイルア高校では、子どもの哲学の授業を導入したことで、それまで起こっていた激しい校内暴力が少しずつ改善されていったという報告がなされています。

なお、日本で哲学対話の授業が本格的におこなわれるのは2010年代からですが（この経緯は第3章で説明します）、この時期、日本の学校に哲学対話を持ち込みたいと考えていた研究者や教員の多くは、（私も含めて）ハワイの子どもの哲学の研究者や実践家と頻繁に交流をおこないました。

これはたまたま、ジャクソンと知己の日本人が何人かいたという偶然的要因によるところが大きいのですが、結果的に現在、日本でおこなわれている哲学対話の授業は、コミュニティボールを使うのが一般的だという方法論的な面でも、「知的な安全性（intellectual safety）」を重視することが多いという理念的な面でも、ハワイの子どもの哲学の影響を強く受けているといえます（コミュニティボールについては、第6章で説明します）。

また、ハワイでは子どもの哲学を「p4c」とあえて小文字で表記し、リップマンの「P4C」との違いを表現することがあります。この影響を受けて、日本でも「p4c」という表記が使われることがしばしばあります（第3章で紹介する宮城県の「p4cみやぎ」がその代表例です）。

●メキシコ・ブラジルなど、中南米の国々

日本の裏側にあたる中南米の国々でも、子どもの哲学は取り組まれています。

たとえば、**メキシコ**では、「**子どもの哲学ラテンアメリカセンター**（Centro Latinoamericano de Filosofía para Niños: CELAFIN）」が組織され、そのメンバーであるエウヘニオ・エチェヴェエリアら

が中心になって、サン・クリストバル・デ・ラス・カサスという街の幼稚園や小中学校で子どもの哲学の授業をおこなっています。

この街は、メキシコのなかでも貧困問題がとくに深刻だといわれる南東部チアパス州の標高2000メートルを超える高地にあり、マヤ族をはじめとした先住民族が多数居住しています。このため、政府による先住民の経済的・物理的排除に抵抗して立ち上がったサパティスタ民族解放軍（EZLN）の拠点としても有名な街で、そうした街の学校で子どもの哲学の授業はおこなわれているのです。


ブラジルでは、リオデジャネイロ州立大学の**ウォルター・コーハン**が中心になり、リオデジャネイロ郊外の貧しい地域にある小学校で子どもの哲学に取り組んでいます。

この小学校で子どもの哲学の授業を実際に担当している教員の一人は、自身もファベーラと呼ばれるスラム街の出身者で、さまざまな苦労を経て小学校の教員になったのち、コーハンの下で大学院生として学びながら子どもの哲学を実践しているそうです。

コーハンは、ブラジルだけでなく、アルゼンチン、チリ、ウルグアイといったラテンアメリカ各国で子どもの哲学を実践してきた人物で、これらの国々が抱えるさまざまな問題に立ち向かうために、子どもの哲学に取り組んでいます。

メキシコのエチェヴェリアとブラジルのコーハンの取り組みの背景にある共通の問題は、貧困と社会的不公正です。コーハンによると、ラテンアメリカの貧しくて公正さを欠いた社会に住んでいると、**「みじめさ」の感情**は次第にあまり強く感じられなくなるのだそうです。自分たちを取り巻く貧困や不公正を「自然」で「ふつう」とみなすことに慣れ、大人たちからも「そういうものだ」「ずっとそうだった」と教えられることで、その異常さは次第に忘れられてしまうからです。

しかし、子どもたちはまだ、そうした状況の異常さを無視することや、悲惨な感情を抑圧することに慣れていないので、現実がなぜいまこのようなあり方をしているのかの根拠を「問う」ことが大人よりもしやすいとコーハンは考えます。

コーハンによれば、こうした国々で子どもと一緒に「哲学的に考える」ことは、子どもたちに自らが置かれた環境を「問う」ことを促します。そのことによって子どもたちに、自分たちの生きている世界がほかでもありえたたくさんの可能性のなかの一つにすぎず、それゆえ自分たちの世界は自分たちで変革することも可能だと気づかせることができるのです。

このように、単純に子どもたちの思考力を伸ばすだけでなく、自らが属する社会そのものを批判的に問い直して変革していく力を身につけさせるために、子どもの哲学に取り組む人たちもいます。

●韓国、台湾、シンガポールなど、アジアの国々

最後に、私たちにとって身近なアジアの国々の取り組みを見てみましょう。アジアの国々にも、子どもの哲学に注目して教育に取り入れてきた人はたくさんいます。

たとえば、隣国の**韓国**では1960年代後半から、ソウル教育大学の学生や教員によって組織された「哲学研究」サークルが、「人間教育を通した人間革命」をスローガンに哲学を学校教育に取り入れる活動をおこないました。76年に、このサークルがアメリカの子どもの哲学に出会うと、メンバーたちはリップマンが作成した教材や教員用マニュアルを韓国語に翻訳して積極的に活用するようになりました。

95年には、このサークルの中心メンバーであったイ・チョシクやパク・ジンワンらが中心となり、「**韓国初等・中等学校哲学教育アカデミー**（Korean Academy of Teaching Philosophy In School:

KATPIS)」が設立され、この団体が中心になって韓国国内の小中高校で子どもの哲学は取り組まれるようになります。この団体は、道徳教育・人間教育に加えて、民主主義教育にも力を入れていて、そうした観点から脱北青少年の教育に参加したり、朝鮮半島の南北統一後の教育準備の観点から子どもの哲学に取り組んだりしている点が特徴的です。

台湾でも子どもの哲学は比較的古くから取り組まれています。そのきっかけは、フジェン（輔仁）大学の大学院生として哲学の研究をしていたヤン・マウシウが、1975年に『哲学教室』というオリジナルの子ども向け哲学読み物を出版したことでした。その直後に、自分と非常に近い取り組みをすでに始めている人がアメリカにいると知った彼は、すぐにリップマンと連絡を取りあって交流を深めていきます。

その後、哲学の博士号を取得した彼は、84年から本格的に子どもの哲学の実践と研究に取り組み、90年に「**キャタピラー子どもの哲学財団**（Caterpillar Philosophy for Children Foundation）」を設立します。この財団は、台湾内の学校内外での子どもの哲学の取り組みを支援するだけでなく、読書教育や絵本などの読み聞かせ運動にも力を入れており、多くの朗読家を養成したり、貧しい子どもたちや僻地《へきち》の子どもたちへの読書教育をおこなったりもしています。

シンガポールでも、一部のいわゆる「名門校」にかぎられますが、子どもの哲学を積極的に取り入れている学校は存在します。そのうちの一つである**ラッフルズ・インスティテューション**は、1823年に設立された、シンガポールで最も伝統ある中等教育学校です。独自の「哲学プログラム」があり、それを運営する「哲学科」にはおもに哲学教育に携わる教員が集められています。そのうちの一人であるクリスティ・チェンが中心になり、子どもの哲学が学校のなかで取り組まれています。

この学校では、単に授業で哲学対話をするだけではなく、哲学対話の「面接試験」もあります。生徒たちは哲学科の複数の教員の前で、少人数の哲学対話をおこないます。教員たちは各生徒が思考を深める発言をどの程度できたかという観点から評価をおこない、成績をつけます。

この学校の卒業生は、多くがイギリスやアメリカの一流大学に進学するため、「哲学プログラム」では哲学対話のみを学ぶのではなく、「教養」としての哲学的知識もたくさん学んでいます。

2.3

学校のあり方が変わる！

●「哲学する」ことによる教室の解放

前節では、子どもの哲学が世界各地に広がる様子を見ました。リップマンは、このような教育が世界中の教室に拡散するにつれて、従来の学校と社会のあり方は大きく変わっていくと考えました。本節では、リップマンが構築した子どもの哲学の教育理論をベースにして、「哲学する教育」が学校と社会に与えうるインパクトについて考察します。

この章の最初で見たように、リップマンにとっての子どもの哲学の中核は「思考力教育」でした。彼は、子どもの哲学の最も重要な目的は「子どもたちが自分自身で考える方法を学ぶための手助けをすることである」（*『子どものための哲学授業』P100）と表現しています。

しかし、私自身も学校に勤務していて日々痛感することですが、学校はお世辞にも「自分自身で考える」のに適した場ではありません。**学校とは基本的には、「出来合い」の答えや方法**

に満ちあふれた空間であるからです。

たとえば、教科書に出てくる問題には、すべて「出来合い」の答えがあります。それどころか、答えに至る手続きもすべて明確に決まっていて、子どもたちは単に正しく答えるだけでなく、求められている手続きに従って正しく答えを導くことまで求められます。

さらには、生徒指導で教師から投げかけられる（お説教のための）問いかけにさえ、じつは教師の望んでいる「模範解答」があり、子どもたちは教師の意図を「忖度《そんたく》」して、教師が念頭に置いている「答え」を見つけなければなりません。

このような空間では、自分なりに頭をひねって新しい考えを創意工夫するよりも、大人が決めた「正解」をただただ探しあてていくほうが、高い評価を簡単に得られるでしょう。

こうして、**子どもたちは学校に通うことによって、「自分自身で考える」ことへの興味をどんどん失ってしまう**のです。

子どもたちが本来備えているみずみずしい好奇心や、なにものにもとらわれずに自由に考える意欲が、「学校」という場に通うことで徹底的に破壊される様子を、リップマンは次のように表現しています。

＊＊＊

幼稚園で公的教育を受け始めた小さい子どもたちが、生き生きとしていて、さまざまなものに興味を持ち、想像力に富んでいて、探究心旺盛であることは、しばしば語られる事実である。しばらくの間、子どもたちはこれらの素晴らしい特性を備えている。しかし、これらの特性は徐々に姿を消していき、子どもたちは受け身になっていく。（中略）それはおそらく学校教育の本性に起因しているのだ。

（中略）小学校に通い始めた子どもは、完璧に構造化された環境を発見する。ある出来事の後に別の出来事が自由に移り変わっていく代わりに、今や従わなければならないスケジュールが登場する。生じている全体の文脈から意味を拾い集めることによってのみ理解できる発言の代わりに、画一的で文脈に依存しないために、謎を問いかけてくることがまったくなくなった教室言語が登場する。自然な不思議さに満ちた家庭と家族の環境は、すべてが規則正しく明快な、ゆるぎない構造化された環境に取って代わられる。子どもたちは少しずつ、そのような環境が自分を鼓舞したり、やりがいを与えたりすることは滅多にないことに気づいていく。実際、子どもたちはこの環境のせいで、独創性・創造性・思慮深さといった、子どもたちが当初は学校に持ってきていた知的な資本を失っていくのである。子どもたちのエネルギーは、この環境によって搾取され、何の見返りももたらされない。やがて子どもたちは、学校教育は自分たちに活気や知的な刺激を与えるものではなく、気力を奪い、自分たちを落胆させるものであると気づくようになる。つまり、学校教育は、家庭の環境が与えるような自然な仕方で思考を刺激することがほとんどないのである。生徒の興味が失われていくのは自然な帰結である。

＊『探求の共同体』P9〜11

＊＊＊

毎日学校で子どもと向きあっている教員の一人として、以上のリップマンの指摘は、学校に通う子どもたちの現状を本当にうまく言いあてているなあと感じます。

彼のこの観察が正しいのであれば、思考力の教育に本気で取り組むには、その前にまずそもそも、いまの学校のあり方を変えていかなければならない、となるでしょう。子どもたちが教師の意図を推し量《お はか》ったり、「間違い」を恐れたりせずに、安心して自由にゆっくり・じっくり物事を考えられる環境を、教室のなかに整えなければならないのです。

じつは、教室のなかで「哲学する」ことは、そうした環境を作り出すうえで役に立ちます。ただひたすらに「哲学する」ことが、自由な思考を阻害するさまざまな学校的要素を自然に排除し、教室を安心してじっくり考えられる空間に作りかえるのです。

●教師も優等生も劣等生も、みんな等しい場に立てる

なぜ「哲学する」ことがそのような効果を生み出すのか、以下で説明します。

まず、**「哲学的な問いを問う」**ことについて考えてみましょう。

「哲学的な問い」のほとんどは、古来より哲学者たちが思考を積み重ねてきたものの、万人が一致する「答え」にはいまだに誰も到達できていない問いです。このため、教室のなかでこうした問いを問われると、子どもたちは学校的な「正解探しゲーム」から逃れて、「間違えること」への不安から解放され、自分の考えを自由に表明して深めていけます。

さらに言うと、万人が一致する「答え」がまだ見つかっていないことで、こうした問いが問われたときに、教師も含めた教室にいるすべての人間が、問いの答えが「わからない」という点において等しい立場に身を置けるようになります。「哲学的な問い」の前では、教室の全員がいわば**「無知の下の平等」とでも言うべき独特な関係**を取り結べるのです。

このため、そうした問いについて考えている間は、「教師（あるいは優等生）は『知者』で、子

ども（あるいは劣等生）は『無知』」という学校特有の権力構造から自由になれます。

哲学対話の授業をおこなっていると、英語や数学などの授業では滅多に発言しない子どもが哲学対話には積極的に参加していて、驚かされる場面にしばしば遭遇しますが、その理由の一部は、ここで述べたような「わからないことに対する安心感」から説明できるように思われます。

●自由に柔軟に考えをふくらませてOK！　という安心感

次に、「**哲学的に思考し探究する**」ことについても考えてみましょう。

哲学的な思考の大きな特徴の一つは、何事もあたりまえとすることなく、議論の前提をどこまでも疑って問うていけることです。このため、哲学探究の場では、「出来合い」の方法を持ち出して「出来合い」の答えを与えることで議論を終えることはできません。哲学以外の授業では「最終根拠」として認められる事実であったり、あるいは「常識」的にはほとんどの人が承認している事実であったりしても、哲学探究の場では、その事実の根拠や妥当性がなおも問われてしまうのです。

したがって、たとえば校則であったり、教師の日頃の言動や態度であったり、社会で通用している一般通念であったりしても、哲学探究の場では、いかなる偏りもなく公平な観点から吟《ぎん》味《み》することが可能になります。

このような哲学探究の機会を教室で定期的に設けることは、子どもたちに対して、**きちんとした理由があればどんなことでも**（突飛なことでも、常識外れのことでも、反体制的なことでも）**安心して自由に問うてよい**というメッセージを与え、学校のなかでも自由に柔軟に思考をふくらませて大丈夫である（否定的に評価されない）という安心感を与えることにつながっていくのです。

このように、「哲学する」ことは、子どもたちの自由な思考を阻むさまざまな学校的なあり方を自然に「脱臼」させる効果を生み出します。教室で定期的に「哲学する」ことは、子どもたちが学校のなかでじっくり物事を考えられる環境を整えることに自ずと貢献するのです。

こうして、子どもの哲学の授業が学校でおこなわれるようになると、「考える」ことがもたらす自由の力によって、その学校の風土はじわじわと変わっていきます。リップマンはこのことを、「**教室を探究の共同体に作りかえる**（converting the classroom into a community of inquiry）」（＊『探求の共同体』P22）と表現しました。彼によれば、私たちは学校を変えることを通して、社会全体をゆっくり変革していくこともできるのです。

＊＊＊

もし理性的なあり方が今日の教室に広く行き渡っているならば、明日には、つまり今日の生徒たちが大人になって子どもを持つようになったときには、理性的なあり方は家庭にも行き渡ることになるだろう。いずれは他の組織も似たような仕方で変わっていくのかもしれないが、ことの始まりはすべて学校からに違いない。学校こそが、子どもたちが自己批判を学ぶ場であり、すなわち、自分たち自身の先入観と偏見と有害性（有害だと気づかれていない有害性）を批判することを学ぶ場なのである。

＊『探求の共同体』Ｐ１８２

＊＊＊

リップマンにとっての子どもの哲学は、哲学対話を中核とする思考力教育の一手法であると同時に、学校という空間をより「理性的なあり方」に変革する教育改革運動（さらには、そのことを通した社会変革運動）でもあります。このような二面性を明示していることが、子どもの哲学がほかの思考力教育と一線を画する最大の特徴であるかもしれません。

第3章

AI時代のまっとうな思考力を磨く！

日本の学校に広がる哲学対話の授業

3.1 なぜ日本でも注目され、広がっているのか

●討論が苦手な人でも、哲学対話はできる！

前章では、哲学対話の授業がどのように始まり、どのように世界中に広がったかを見てきました。哲学対話を学校のカリキュラムに組み込む理由は、国や地域、またそれぞれの学校によってもまちまちですが、一つの問いをめぐってみんなで話しながら頭をひねって考える新しい種類の哲学の授業が、いまや世界中のあちこちの学校でおこなわれていることは理解していただけたと思います。

でも、読者のみなさんのなかには、海外ではそんな変わった授業も受け入れられているんだね……という程度に受け止めている方も少なくないかもしれません。より懐疑《かいぎ》的に、こう考える読者もいるのではないでしょうか。

「外国ではそんな授業をやっているのかもしれないけど、日本人はそもそもディスカッションが苦手だから、日本で哲学対話の授業をするのは難しいんじゃない？」

「日本人は西洋人と違って、物事を論理的に筋道立てて考える習慣が身についていないから、日本の学校には哲学対話は根づかないんじゃない？」

いいえ、そんなことはありません！　じつのところ、哲学対話の授業は、２０１０年頃から今日までの10年にも満たない期間に、日本の学校現場でも急速に注目を集めるようになり、全国規模で実践が広がりつつあるのです。

この章では、哲学対話の授業が現在どのように日本国内に広がっているのかを見ていきます。そのうえで、なぜ日本ではこの短い間に哲学対話が学校現場に根づきつつあるのか、その背景を考察します。以下、おもに教育関係者向けの内容はコラムとしますが、専門家でなくても興味深い歴史のまとめになっていますので、気になった方はどうぞ読んでみてください。

column

【１９９０年代〜２０００年代の哲学対話の注目度】

日本国内で哲学対話の授業が最初に知られるようになったのは、１９９０年代のことです。安藤輝次、渡邉一保、西野真由美といった教育学の研究者たちによって、リップマンの子どもの哲学の教育目標やカリキュラム、具体的な哲学対話の方法論などを紹介する論文が書かれました。

しかし、これらはいずれも、子どもの哲学を比較教育学的な観点から「海外の独自の教育手法」として紹介するに留まるものであり、日本国内の学校への導入の可能性を検討したり、実験的な授業を試みたりしているものではありませんでした。

また、この時期には、リップマンとも活動をともにしつつ、リップマンとは異なる独自のアプローチで子どもの哲学を実践し続けた（さらに、「子ども」という独特の存在を哲学の研究対象にする「子どもに関する哲学（Philosophy of Childhood）」の構想を提唱した）ガレス・マシューズの著書が相次いで翻訳出版されましたが、これもあくまでも「海外の哲学者による一風変わった取り組みの紹介」の域を出ず、子どもの哲学の日本国内への普及や推進にはほとんど関与しませんでした。

2000年代に入って、こうした状況に変化が訪れます。まず、兵庫教育大学の松本伸示を中心とする研究グループが、02年に新設された「総合的な学習の時間」のための新しい教育カリキュラム開発研究の一環として、子どもの哲学に注目し、宮崎県の公立小学校5年生を対象にした実験授業をおこないました。

この授業では、リップマンが作成した教科書『ハリー・ストットルマイヤーの発見』が用いられ、授業を受けた子どもたちに論理的な推論のスキルの向上が見られたかどうかを、ニュージャージー推論テストを用いて検証しました（その結果、子どもの哲学の授業が日本の子どもたちの論理的推論スキルの育成にも効果があることが実証されました）。

この研究プロジェクトは、01〜03年にかけておこなわれ、実験授業は03年5・6月におこなわれました。おそらく、この実験授業が、日本国内における哲学対話の最初の授業と考えられます。

また、1998年に大阪大学内に設立された「臨床哲学研究室」の一部のメンバーたち（寺田俊郎、ほんまなほ、高橋綾ら）も、2000年前後から哲学教育の研究を開始し、リップマンやその他の実践家・研究者への聞き取り調査や海外の文献調査にもとづいて、子どもの哲学を哲学者の視点から日本国内に紹介する論文を発表し始めました。

さらに、00年代中頃には、臨床哲学研究室が主体となって、大阪府立福井高等学校や京都府の洛星《らくせい》中学校・高等学校などで哲学対話の授業がおこなわれるようになりました。

こうして、00年代に入ると、必ずしも学校ないし学校教員が主体的に関わって導入したものではないものの、哲学対話の実験的な授業が国内のいくつかの学校でも行われるようになりました。

【2010年代に飛躍的な広がり】

日本の学校教育における哲学対話は、以上のような準備期間を経て、2010年代に飛躍的な広がりを見せます。その広がりは、大きく分けると以下の4つの局面に分類できます。

第1は、大都市圏を中心とした私立学校において、哲学対話を学校主導で年間カリキュラムの一環として導入するケースが現れたこと。第2は、お茶の水女子大学附属小学校で「てつがく」の取り組みがおこなわれたこと。第3は、「p4cみやぎ」の取り組みをはじめとして、哲学対話が地方の公立学校に広がったこと。第4は、教員研修や実践者のバックアップ体制を、研究者が中心となって整備したことです。

それぞれの局面について、順を追って説明しましょう。

【大都市の私立学校で――私立特有の事情】

2010年代に入ると、大都市圏において、哲学対話を学校主導で年間カリキュラムの一環として導入する私立学校が現れました。その先駆けとなったのが、埼玉県の**開智中学・高等学校**です。開智中学・高等学校は、2012年に、中学1年生の約半数の生徒を対象にして、哲学対話の授業を（単発の特別授業としてではなく）年間カリキュラムの一環として採用することを決めました。その後、年を追うごとに授業の規模を拡大し、19年現在では中学校全学年の全生徒を対象に、年間を通して哲学対話の授業をおこなっています。

これとほぼ同時期に、神奈川県の**関東学院小学校**でも、哲学対話が通常カリキュラムの一部として採用され、通年での授業がおこなわれるようになりました（同校での哲学対話の授業の様子は、実践をおこなった関東学院大学教授・杉田正樹によって『ぼくたち、なんで生きているんだろう』という本にまとめられています）。

さらに、こうした学校に続いて、15年には東京都の**東洋大学京北中学高等学校**が、また18年には**明星学園中学校**が、年間を通じた哲学対話の授業を開始しました。

就学前教育施設でも、佐賀県の**おへそ保育園**が哲学対話を導入した保育カリキュラムを採用し、日常の保育活動の一環として哲学対話に取り組むようになりました。

このように、2010年代に入ると、哲学対話は比較的短期間のうちに、大都市圏のいくつかの私立学校のカリキュラムに取り入れられました。この背景には、私立学校特有の事情も作用しているように考えられます。次の節で詳しく見ますが、17年に新しい学習指導要領が告示され、文部科学省が「**主体的・対話的で深い学び**」を唱導すると、多くの私立学校では、それを実現するためのさまざまな教育手法が模索されるようになりました。

私立学校の場合、このような教育の最新動向をキャッチして、常に新しい手法を取り入れていくことは、学校の「セールスポイント」に直結します。さらに現実的な問題として、多くの私立学校にとっては、2020年度から大きく改革されていく新しい大学入試制度に学校のカリキュラムが対応できていると内外にアピールすることは重要な課題です。

こうした事情もあって、日本国内では、私立学校が公立学校に先駆けて、哲学対話という「新しい」教育手法の導入を進める推進力となっていったと考えられます。

【国立大学附属学校で――お茶小の「てつがく」】

このような私立学校の動向と、そこでの実践経験の蓄積を受けて、次に国立大学附属学校が哲学対話の研究と実践に乗り出すようになりました。具体的には、東京都の**お茶の水女子大学附属小学校**が、2015年度から18年度にかけて、文部科学省の研究開発学校の指定を受けて、「新教科『てつがく』の設置」を目指した研究開発に学校全体で取り組みました。

この期間中、同校では、3～6年生の全児童を対象に、哲学対話の手法をベースとした学校独自の「てつがく」の授業を各クラス年間55時間実施しました。単に授業実践をおこなうだけでなく、「人間性・道徳性と思考力とを関連づけて育む」カリキュラムも作成されました（以上の研究と実践の集大成は、19年に刊行された『新教科「てつがく」の挑戦』にまとめられています）。

日本の国立大学附属学校は、単なる教育機関に留まらず、母体となる大学の教員養成の場として活用されたり、先進的な教育研究に取り組む実験校としての機能を果たしたりしています。そのなかでも、お茶の水女子大学附属小学校はとくに歴史が古く、国内の教育界における影響力も強いです。このため、同校が学校をあげて取り組んだ哲学対話の実践研究とカリキュラム作成は、今後、国内の多くの学校（とくに公立小学校）に影響を与えることが見込まれます。

哲学対話の実践に取り組んでいる国立大学附属学校は、お茶の水女子大学附属小学校だけではありません。たとえば、兵庫県にある**神戸大学附属中等教育学校**でも、数名の教員を中心として、「国語」の授業のなかで哲学対話の実践がおこなわれています。

【公立小中高校で――「p4cみやぎ」】

以上のような大都市圏の学校での取り組みと並行して、地方の公立学校でも、その地域や学校に特有の問題を解決するために、哲学対話が学校のなかで日常的に取り組まれるようになりました。

とくに注目すべきは、「**p4cみやぎ**」という団体を中心として、宮城県仙台市・白石市の公立小中学校の間で広がっている哲学対話の導入の動きです。そのきっかけは、ハワイにおける子どもの哲学（p4c）の実践中核校であるワイキキ小学校の児童たちが、東日本大震災の報道を見て被災地に激励の手紙を送りたいと熱望したことにさかのぼるそうです。児童たちの要望を受けて、ワイキキ小学校と仙台市立若林小学校との間で交流が始まると、2013年に同小学校で初めて哲学対話の授業がおこなわれました。

この授業実践が、仙台市内の公立小中学校教員の注目を集めると、「**p4cせんだい推進プロジェクト**」が立ち上げられ、仙台市内にある宮城教育大学の教育復興支援センターに事務局が置かれました。

この後、仙台市と白石市を中心とした近隣の市町では、宮城教育大学と上廣《うえひろ》倫理教育アカデミーの支援の下で、哲学対話に取り組む公立小中学校が少しずつ増えます。16年度の時点では、小学校19校、中学校16校で、哲学対話の授業が取り組まれています。その実践の様子は、『子どもたちの未来を拓く探究の対話「p4c」』にまとめられています。

この地域の学校では、思考力教育の側面よりも、道徳教育やクラスのコミュニティ作りの側面に重点を置いて哲学対話の授業に取り組んでいるそうです。それは、広い意味では、東日本大震災からの教育における復興事業の一部をなしていますが、それ以上に、この地域の複数校の共通課題である「自尊心を持った生徒の育成」「自分の意見を他者にきちんと伝えられる生徒の育成」「いじめのない学級づくり」といった教育目標を成し遂げるための効果的な手段として、哲学対話が活用されているそうです。

地方の公立学校における日常的な哲学対話の取り組みとしては、**長野県望月《もちづき》高等学校**でおこなわれた「現代社会」「倫理」の授業も挙げられます。同校は、長野県内でも地方に属する小規模校で、卒業生の大学進学率は必ずしも高くなく、高校卒業後すぐに実社会に出て働く生徒たちも多く在籍しています。このため、そのような生徒たちが卒業後すぐに直面するであろう諸問題を考慮に入れて、社会の基本的な仕組みや規範を学び、同時にそれらを批判的に問い直し考える場として、一部の教員によって哲学対話のスタイルを導入した独自の社会（公民）の授業がおこなわれました。

このように、学校ぐるみの取り組みではないものの、一部の教員によって哲学対話の継続的実践がおこなわれた事例としては、これ以外にも、兵庫県の西宮市立香櫨園《こうろえん》小学校や、同じく西宮市立高木小学校などが挙げられます。

【全国への広がり、そのバックアップ体制】

ここまで見てきたように、日本の学校教育における哲学対話の導入は、２０１０年代に全国各地に大きく広がりました。すると、実践者の急激な増加を受けて、授業を担当する教員へのレクチャーや教員研修に対する需要も急速に高まりました。

こうした現場の需要を受け、おもに大学の研究者たち（とくに哲学ないし教育学を専門とする研究者たち）による支援やバックアップの体制も次第に整えられました。先ほど、「p4cみやぎ」の取り組みが、宮城教育大学の研究者と上廣倫理教育アカデミーによる支援を得ているることに触れましたが、それ以外の同様の支援体制についても簡単に説明しておきます。

２０１９年現在で、哲学対話の実践研修を提供している代表的な機関は、ＮＰＯ法人「**こども哲学・おとな哲学 アーダコーダ**」です。アーダコーダは、主として関東地方を中心に活動しており、教員・教育関係者・保護者などを対象とした、哲学対話の「入門講座」「実践講座」（有料）を年に数回のペースで開催しています。

関東地方ではこのほかに、東京大学「共生のための国際哲学研究センター（UTCP）」、上智大学、立教大学でも、研究者や実践家が中心となって、哲学対話に関する自主的な研修会・研究会が開催されています。

関西地方では、やはり研究者や実践家が中心となって、「**p4c japan**」という団体が運営されています。この団体では、自主的な研修会・研究会の開催のほか、学校の授業で哲学対話をおこなう際の教材や授業資料・授業映像などをウェブサイトで活発に公開しています。

このようにバックアップ体制が充実していくなかで、2015年からは、哲学対話の授業や哲学カフェを含む「哲学プラクティス」全体に関わる全国規模の大会「**哲学プラクティス連絡会**」が開催されるようになりました。学校教員を含む多くの実践家や研究者が一堂に会し、それぞれの実践や研究の成果を共有し交流する重要な機会として機能しています。さらに18年には、こうした分野の学術研究をサポートする「**日本哲学プラクティス学会**」も立ち上げられました。

3.2 哲学対話と「主体的・対話的で深い学び」

●AIの進歩で未来の教育が見通せなくなった

哲学対話を取り入れた教育活動は、日本国内の小中高校にいま、まさに大きく広がりつつあります。哲学対話の授業は、いまや海外の子どもたちだけのものではなくなっているのです。でも、なぜ日本では、いまこのタイミングで哲学が学校教育のなかに入り込み、少しずつ根を下ろし始めているのでしょうか。もちろんそれは、さまざまな人々の思惑や偶然的要素が絡みあった結果でもあるわけですが、一方で、現在文部科学省が推し進めている教育改革の方向性が、その背景にあることは間違いありません。

そこでこの節では、新しい学習指導要領の核となる考え方を簡単に紹介し、それと哲学対話の授業との関係を考えます。

結論から先に述べると、現在の日本で取り組まれている教育改革が順調に進んでいけばいくほど、哲学対話のような活動は、日本の小中高校でますます重要視されるものと思われます。

ここ数年、教育関係者の間でも一般社会でも急速に話題に上るようになったトピックの一つに、**ＡＩ（人工知能）技術の加速度的な進歩**があります。

私が小学生の頃は、ＡＩといえばテレビゲーム『ドラゴンクエスト』に搭載された子どもだましにすぎなかったものです。しかしいまでは、ＡＩは囲碁の世界チャンピオンを打ち破るどころか、ＡＩ同士で対局して自己学習を積み重ね、囲碁をもはや、プロ棋士さえも意味を理解できない異次元のゲームに作りかえようとしています。

また最近では、絵を描いたり小説を執筆したりするＡＩも登場しました。ＡＩを搭載した自動車と会話できるようにもなりました。

私自身も、先日久しぶりにインターネットの翻訳サービスを利用したところ、その精度がほんの2～3年前と比べても飛躍的に向上していることに気づいて驚嘆しました。また、家電量販店で１０００円台で「投げ売り」されていたＡＩスピーカーを試しに買って起動させたところ、それがあまりにも完璧にこちらの声を拾って指示どおりに用事をこなすので、驚きを通り越してむしろうすら寒い気分さえ覚えてしまいました。

このような技術革新（「第4次産業革命」とも呼ばれます）は、今後、短期間のうちにますます進むでしょう。すると、それに合わせる形で、これからの日本および世界の産業構造や社会構造は、どんな形になるにせよ、とにかく劇的に大きく変化することが予想されます。現在の子どもたちが大人になったとき、私たちの社会がどんな社会になっているのか、もはや誰も想像できないのです。

このような未来予測は、私たちにつかみどころのない不安の影を落とします。そこで最近は、ワイドショーや週刊誌でも、「ＡＩが人間を超えるのはいつか？」「ＡＩによって失われる職業は何か？」といった特集がしばしば組まれるようになりました。

こうした未来予測は、教育の場面を考えると、さらに深刻な問題を生み出します。

教育とは、最もシンプルに言えば、子どもが大人になって社会に出たときに困らない力を身につけさせることです。しかし、いまの子どもが大人になったときの社会をそもそも見通せないのなら、子どもの将来のためにどんな力を身につけさせればよいかも、現時点で見通せないのです。

もしかすると、いま子どもたちが学校で学んでいることは、彼ら・彼女らが大人になる頃には、まったく通用しなくなっているかもしれません。たとえば、完璧な自動翻訳機があと10年で開発されたら、その後の社会では英会話の能力はまったく不要になるかもしれません。

現代を生きる私たちは、何を教えることが子どもたちのためになるかまったくわからない五里霧中のなかで、それでも子どもたちに教育を提供していかなければならないのです。

●いま、子どもたちが身につけるべき「生きる力」とは

このような時代における学校教育では、「何を学ぶか」はあまり重要ではなくなります。繰り返しになりますが、いま子どもたちが学校で学んでいることは、10年後にはまったく役に立たないかもしれないからです。

それゆえむしろ、これからの学校教育では、「学校時代に獲得した知識を大事に保持していれば済むということはもはや許され」ないことを前提にして、「いかに社会が変化しようと、自分で課題を見つけ、自ら学び、自ら考え、主体的に判断し、行動し、よりよく問題を解決する資質や能力」を育成することが求められます（＊中央教育審議会「21世紀を展望した我が国の教育の在り方について」（第一次答申））。

「**自ら課題を見つけて自ら学ぶ力**」が身についていれば、学校で学んだ内容が社会に出てから通用しなくなったときにも、再び学び直すことで足りない知識や技能をアップデートできるようになります。また、「**主体的に考え、判断し、行動する力**」が身についていれば、社会がどれだけ激しく変化しても、その時々の状況をふまえて適切な行動を選択でき、社会を生き抜いていけます。

じつは文部科学省は、1990年代から、先行きが極めて不透明で変化の激しい社会が間もなく到来することを予見していて、そうした社会で子どもたちが身につけるべき資質・能力を「**生きる力**」としてまとめました。そして、2002年度以降は、「生きる力」の育成を日本の学校教育の最大の目標として掲げてきました。

●アクティブ・ラーニングの導入のなかで

文部科学省が旗を振って推し進めているこのような教育改革の方針は、2020年度から段階的に全面実施される最新の学習指導要領で、さらに強く前面に打ち出されています。最新の学習指導要領では、学校教育全体を通して「生きる力」を育成するために、すべての教科で「**主**

体的・対話的で深い学びの実現に向けた授業改善」に取り組むことが明記されました。

これはつまり、学校でおこなわれるすべての教科教育のなかに、子どもたちが対話を通して主体的・能動的（アクティブ）に活動する時間を取り入れ、それによって学習内容を多面的により深く思考して理解できるよう、現状の授業の方法を抜本的に変えていくことを意味しています。新しい学習指導要領は、「生きる力」の育成を単なる理念として掲げるだけでなく、それを実現するための具体的な授業方法の改善・刷新まで踏み込んで学校現場に求めたのです。

これによって現在、日本全国の学校では、生徒の能動的・自発的な活動を取り入れたさまざまな種類の「**アクティブ・ラーニング**」が急ピッチで導入されています。そして、その具体的な手法の一つとして、教育関係者の間で急速に関心を集めつつあるのが、哲学対話なのです。

第1章で詳しく見たように、哲学対話とは、答えが簡単には見つからない哲学的な問いをめぐって、子どもと教員が一緒になって対話しながら思考を深めていく教育活動です。哲学対話がおこなわれている教室では、自分たちが決めた問いについてゆっくり・じっくり考えを深めていくことが何よりも大切にされます。

哲学的な問いの多くは、いくら頭をひねって考えても答えが出ない超難問ですが、同時に、子どもの頃に誰もが一度は考えたことのあるような身近で素朴な問いであったり、生きていくなかで誰もが避けて通れない人生の問題であったりします。子どもたちは、こうした問いを考え続けることを通して、容易に解決できない問題も「めんどくさい」「自分には関係ない」と投げ出したり突き放したりせず、腰を据《す》えて粘り強く考える姿勢を身につけていくのです。

さらに、哲学対話の授業では、考えを深めるための最も基本的な方法として、他者の意見を聞くことを学び、自分とは異なる意見を受け止めたり、反発したり、それに対して問いを発したりすることで、**一つの物事をさまざまな角度から掘り下げる方法とスキル**を学びます。

こうした姿勢やスキルは、変化が激しく先の見通せない現代社会を生き抜き、状況の変化に応じて柔軟に学習を続けていくための資質・能力、すなわち「生きる力」のまさに中核をなしていると言えるでしょう。

哲学対話は、数あるアクティブ・ラーニングの手法のなかでも、「**生きる力**」**を育むための「主体的・対話的で深い学び」にとくに強く結びついた具体的な方法論**であると言えるのです。

●「道徳科」で哲学対話をおこなうススメ

ここまで、哲学対話が、現在の日本の教育改革の流れと合致する教育実践であることについて解説してきました。

自分自身で考える力は、加速度的に変化する現代社会を生きるすべての子どもたちにとって必須の力なので、哲学対話の授業は、私の勤務先のような一部の「私立学校」だけに求められるものでは決してないのです。

しかし、このように説明しても、多くの学校の先生や教育関係者からは、引き続き次のように言われそうです。

「哲学対話を通して思考力や対話力を育成することが子どもたちにとって必要だとしても、カリキュラムのいったいどこでそれをおこなえばいいのか。公立のふつうの学校では、哲学対話のためにまとまった時間を作ることは制度的に非常に難しいのが現状。だとすればそれがどんなにいいものであっても、学校のなかで実施するのはやっぱり不可能ではないか！」と。

新しい学習指導要領では、「主体的・対話的で深い学びの実現に向けた授業改善」はすべての教科で取り組むことになっています。

とはいえ、学校のあらゆる授業のなかで哲学対話に取り組むのは、さすがに現実的ではありません。どの教科も、教えなければならない内容は多く、それらを網羅するとほかの活動の時間を作ることは容易ではないからです。

また、哲学対話の授業も、たとえば年に一度だけイベント的におこなうのではほとんど意味はなく、理想的には週に1回ずつくらいのペースで継続的におこなう必要があります。

哲学対話が育成するのは「考える力」、すなわち、解決困難な問題をゆっくり・じっくり考えるための「方法」「姿勢」であるため、それらをしっかり身につけるには十分な反復と習慣づけが不可欠なのです。


やはり、哲学対話を学校のなかで有益な仕方で実施するには、腰を据えて対話ができる時間をカリキュラムからなんとか見つけ出す必要があります。

そのために私は、「道徳科」の授業を哲学対話の時間として活用することを提案します。

2015年に、これまで小中学校で「道徳の時間」と呼ばれていたものが、「特別の教科道徳」に格上げされたのをご存じでしょうか。いわゆる「**道徳の教科化**」といわれるもので、これに従って小学校では18年度から、中学校では19年度から、「道徳科」でも検定教科書が使用され、数値以外の仕方での評価もおこなわれるようになりました。

もともとはいじめ問題に対する学校の対応強化をねらっておこなわれた改革ですが、教科化に至るまでのスピードが速かったこともあり、教科化の是非については今日も議論が続いています。

ここでその論点に立ち入ることは控えますが、その代わりに、道徳の教科化は哲学対話を学校のカリキュラムに位置づけるうえで「奇貨」となりうることについて、以下で述べます。

●これまでの一方的な教育への反省から

道徳の教科化によって、日本の教育が保守化することを懸念する人たちがいます。

「道徳科の授業を通して、国家にとって都合のよい徳目を一方的に教え込み、子どもたちを洗脳しようとしているのではないか？」

「愛国心を強要するような教育がおこなわれるのではないだろうか？」

「それによって、日本は戦前のような社会に回帰してしまうのではないだろうか？」

――こうした懸念はしばしば聞かれ、そのような心配をすることにも一理あるように思われます。

しかし、少なくとも学習指導要領を文字どおりに読むかぎりでは、そうした不安は杞憂《きゆう》であると言えるでしょう。

むしろ今回の教科化は、**これまでの道徳教育が教師から生徒への一方的なものであり、議論や対話の余地のないものであったことへの反省**からスタートしているのです。

たとえば、2014年の中央教育審議会の答申（＊「道徳に係る教育課程の改善等について」）は、これまでの道徳教育の指導方法について、「読み物の登場人物の心情理解のみに偏った形式的な指導がおこなわれる例があることや、発達の段階などを十分に踏まえず、児童生徒に望ましいと思われる分かりきったことを言わせたり書かせたりする授業になっている例があること」などの問題があったと指摘しています。

まるで「アリバイ作り」であるかのように、読み物の教材（副読本）を読んで内容を一方的に解説する。誰もが知っている建前上の「よいこと」を訳知り顔で教える。大人や教員が喜びそうなことを子どもに忖度させて発表させたり作文を書かせたりする。――こんなことをしても教育として無意味ですし、人格の育成に貢献しないことも明らかです。

しかし、これまでの「道徳の時間」では、そのような授業で適当にお茶をにごして終わらせるケースが散見されていたのです。

新しい中学校の学習指導要領では、変化の激しい現代社会における道徳教育の目標を、「人間としての生き方を考え、主体的な判断の下に行動し、自立した人間として他者と共によりよく生きるための基盤となる道徳性を養うこと」であると整理しています。

そして、このような道徳性を養うには、従来の対話や議論のない一方通行の道徳の授業ではまったく不十分だと考えているのです。

●現代社会で「他者と共によりよく生きる」ための道徳

2016年に出された中央教育審議会の答申（*「幼稚園、小学校、中学校、高等学校及び特別支援学校の学習指導要領等の改善及び必要な方策等について」）では、「多様な価値観の、時には対立がある場合を含めて、誠実にそれらの価値に向き合い、道徳としての問題を考え続ける姿勢こそ道徳教育で養うべき基本的資質である」と記されました。

そのうえで、「道徳科」における指導方法については、「答えが一つではない道徳的な課題を一人一人の児童生徒が自分自身の問題と捉え、向きあう『**考え、議論する道徳**』へと転換を図る」ことが明記されました。

つまり、さまざまな価値観や考え方の相違に目をつむって、毒にも薬もならない「きれいごと」をただ言わせるのではなく、そうした価値観の対立や相違に「誠実に」向きあい「考え、議論する」。答えのない道徳的な問題について問い続け、考え続ける。そのための姿勢を養っていく。それこそが、変化の激しい現代社会で「他者と共によりよく生きる」ための道徳教育の方法であると考えられるようになったのです。

「考え、議論する道徳」は、答えが簡単に見つからない道徳上の問題について、対話を通してゆっくり・じっくり考えていくことにほかなりません。

したがって哲学対話は、新しい学習指導要領の枠組みのなかで、「道徳科」における中心的な指導方法となりうるのです。そして、それによって哲学対話は、道徳教育の主要な方法の一つとして、学校のなかで継続的に実践できるようになるのです。

第4章

哲学対話における「哲学」とは何か

ただの会話とは違う、とっておきのキキメ

4.1

哲学対話における「哲学」とは、ただの枕詞ではない

●そもそも哲学対話って、どのあたりが「哲学」なの?

前章では、世界各地で取り組まれている哲学対話の授業が、ここ10年ほどの間に日本の学校教育のなかにも急速に導入されつつある様子を見てきました。それに加えて、哲学対話は現在の日本の教育改革の流れと同じ方向性の教育実践であるため、今後ますます国内の学校への広がりが予想されることを述べました。

この本をここまで読み進めてくださった読者のなかには、こうした広がりを歓迎してくださる方もある程度含まれるのではないかと期待しています。

ありがたいことに、私自身が勤務先で実践している授業の様子を詳しく説明すると、「それはおもしろい取り組みだ!」「ほかの学校にももっともっと広めていってほしい!」と応援してくださる方は少なくありません。

ここ10年の実践史のはじめの頃から哲学対話教育に携わり、仲間たちと暗中模索しながら(と

きには退勤後ビアグラスも傾けつつ）なんとか授業を作り続けてきた一人としては、このように評価してくださる方がたくさんいることは心の底からありがたく、心強く思います。

しかし一方で、ときどき次のような声をかけられることがあります。

「授業自体はすばらしいと思うけど、これってどのあたりが『哲学』なの？」と。

たしかに、これまでに紹介した哲学対話の授業には、プラトンやデカルトやニーチェや西田幾多郎といった哲学者は一人も登場していません。また、哲学といえばおなじみの哲学者たちの言葉、たとえば、「我思う、ゆえに我あり」も、「神は死んだ」も、「語りえぬものについては、沈黙せねばならない」も、「絶対矛盾的自己同一」も一切、出てきませんでした。

もし哲学対話が、過去の哲学者たちの、ときとして難解な思考を参照しながら議論することだとしたら、ここまで見てきた授業は、たしかに対話ではあるけれど、わざわざ「哲学」対話と呼ぶようなものではないと映るかもしれません。

哲学対話とは、いったいどういう意味で「哲学」対話なのでしょうか？

本章では、この疑問について考えます。

●哲学と哲学対話、その原型は重なりあう

「哲学対話」という言葉を初めて耳にした多くの人たちは、いったいこの語にどんなイメージを抱くのでしょうか。それ以前に、哲学を専門的に学んだ経験のない人たち（＝多くの日本人）にとって、「哲学」とはそもそもどんなイメージの言葉なのでしょうか。

ためしに、グーグルに「哲学　イメージ」というキーワードを打ち込んで検索してみると、（2019年5月2日時点で）いちばん上にヒットするのは「『哲学ってなんなの？　ムダじゃない？』哲学者に話を聞いてきた」という記事です。冒頭では、ライターがまわりの人たちに聞いたという「哲学のイメージ」が紹介されています。

＊　＊　＊

哲学とは……

・難しいことを言っている学問。　・役に立たない学問。　・無意味な学問。
・名言を考える学問。　・本気でやると不幸になって、発狂して孤独に死ぬ。
・気むずかしい屁理屈好きの趣味。　・ヒゲ。　・就職できない。

＊　＊　＊

20代の頃から大学院で哲学を学んできた身としては、偏見だらけのさんざんなイメージだなあ……というのが正直な感想です。しかし、哲学に触れたことのない多くの人にとっては、哲学はまさにこういうものとして映っているんだなと、あらためて新鮮な気持ちにもなりました。

とはいえ、ここで挙げられている「哲学のイメージ」のすべてがまったくのデタラメというわけではないと思います（「就職できない」については、少なくとも大卒ですぐに就職するぶんには、哲学科の就職率はほかの人文科学系の学科（史学科、英文学科など）とほとんど変わらないと思いますが……）。哲学者や大学の哲学研究者がおこなっている営みには、このイメージとぴたりと合致するように見える部分もたしかにあるでしょう。

たとえば、目の前の本棚からドイツの哲学者**マルティン・ハイデガー**の主著『存在と時間』（ちくま学芸文庫）を引っぱり出してみると、裏表紙に訳者・細谷貞雄による次のような解説文が載っています。

＊＊＊

《存在》の諸相をその統一的意味へさかのぼって解明すること、そして、存在者の《存在》

を人間存在（＝「現存在」）の根本的意味としての《時間》性から解釈することを主旨として、「現存在の準備的な基礎分析」と「現存在と時間性」の二編から構成する。（中略）「現存在」の根本的な構成が「世界＝内＝存在」として提示され、「現存在」のうちに見いだされる「存在了解」を探求すべく、基礎的な問いが差し出される。

＊＊＊

なんだかめちゃくちゃ難しい！　哲学を専門的に学んだ経験がなければ、そもそもここで何が言われているのか、その意味を理解することさえできないと思います。この文章は果たして本当に日本語なのだろうかと、思わず目を疑うのも無理からぬことです。

私自身、大学院で哲学を本格的に学び出してから20年近くが経ちますが、これまできちんと学んでこなかった分野の哲学の本をひらくたびに、文章のあまりの難しさと理解できなさに目《め》眩《まい》を覚える経験をいまだにしょっちゅうしています。

ちなみに私は、**イマヌエル・カント**という18世紀のドイツの哲学者の哲学が好きなのですが、彼の主著『純粋理性批判』をめくってみても、だいたい同じような感じです。

あらゆる直観が可能なための、悟性に関する最高原則は、直観のあらゆる多様が統覚の根源的・総合的統一の条件の下に属する、ということである。

＊＊＊

わたくしは、対象にではなく、対象を認識するわれわれの認識の仕方に、この認識の仕方がアプリオリに可能であるはずであるかぎりにおいて、これに一般に関与する一切の認識を超越論的と称する。このような概念の体系は超越論哲学と呼ばれるであろう。

＊＊＊

もしかすると、このわけのわからない文章こそが、多くの人にとって「これこれ！　これぞ哲学！」という感じなのかもしれません。いずれにせよ、「難しいことを言っている学問」という哲学のイメージは、間違いではなさそうです。

そうすると、本書でこれまで紹介した子どもたちの哲学対話と「学問としての哲学」との間には、たしかに大きな断絶があるように感じられることでしょう。

過去の哲学者の難解な思考をふまえて議論しないと「哲学」対話とは呼べない、と言われたら、第1章で紹介した対話はすべて哲学対話ではないですし、そもそも子どもと一緒に哲学対話をすることなど、ほぼ不可能でしょう。

では、哲学対話における「哲学」は単なる枕詞で、実質的には子どもたちと一緒に「考える対話」をしているだけなのでしょうか。

私はそのようには考えません。哲学対話における「哲学」は、たしかに「学問としての哲学」とぴったり一致するわけではないのですが、哲学という営みの「**原型**」部分とはほぼ重なりあう、と考えるからです。

それはすなわち、「**私たちの日々の生活に潜《ひそ》んでいる、身近で素朴な『問い』について、真剣かつ丁寧に考え抜く**」ということ。これについて以下で説明します。

●「ふとした疑問の答えを知りたい!」という気持ちが哲学の原型

哲学が「身近」で「素朴」であるとは、いったいどういうことでしょうか。

さんざん、哲学が「難しい」ことを示す例を見せてきたのに、舌の根も乾かぬうちに何を言っているんだ、と呆《あき》れられるかもしれません。

しかし、難しいのが事実だとしても、哲学が扱う「問い」自体は、私たちが日々生きていくなかでふとしたときに出会うような疑問ばかりです。たとえば、

「**心ってなんだろう?**」

「**ものが〝ある〟ってどういうこと?**」

「**時間が〝流れる〟ってどういう意味?**」

「**〝よい〟〝悪い〟ってなんだろう?**」といった問いは、哲学者たちが2000年以上も前から考えてきた典型的な哲学的問いですが、これらは哲学者だけが気づくような特殊なものではありません。むしろ、日々の生活でふと、このような「そもそも?」の問いに襲われて不思議な気分を味わったことがない人は、この世に一人もいないでしょう。

哲学が扱う問いは、ほかの学問分野の問いと比べても、じつは圧倒的に私たちの身近なところに隠されている「疑問」なのです。

古代ギリシアの哲学者**アリストテレス**は、「**哲学は驚きから始まる**」という有名な言葉を残しました。

毎日忙しく生活を送っている最中には気づかないかもしれませんが、ふとした瞬間に立ち止まって、よくよく考えてみると、私たちの回りにはたくさんの不思議や謎があふれていることに気づかされ、驚かされます。そしてどれもが、きちんと考えてみると自分には答えがわかっていない問いばかりだということに思い当たり、再度驚かされます。

このような驚きを抱いた人は、その驚きの感情に突き動かされて、**自分が気づいた不思議や謎について本当の答え**（**〝真理〟**）**を知りたい**と自然に思うようになります。

アリストテレスによれば、これこそが哲学の「原型」なのです。

アリストテレスの言葉を正確に引用してみましょう。

「驚異することによって人間は、今日でもそうであるがあの最初の場合にもあのように、知恵《フィロ》を愛求し《ソフェイン》「哲学し」始めた」（*『形而上学（上）』P28）

ここで、「哲学する」が「知恵を愛求する」と重ねて訳されていることに注目してください。

哲学を少しでも学んだことがある人にとっては有名な事実ですが、「哲学」という言葉は、もともとの古代ギリシア語では「フィロソフィア」といって、「愛」を意味する「フィロス」と「知」を意味する「ソフィア」の2語を結合した言葉だったのです。

したがって、**「哲学」を日本語に直訳すると、「知への愛（愛知）」「知を愛し求めること」**になります。ここまでに述べたこともふまえて、もう少し噛《か》み砕いて表現するなら、「驚きとともに気づいてしまった世界の謎について、心の底から本当の答え（真理）を『知りたい』と思って考え続けること」といった感じでしょうか。

アリストテレスによれば、このように「知を愛し求める」気持ちは、人間にとって根源的な欲求です。「すべての人間は、生まれつき、知ることを欲する」（＊『形而上学（上）』P21）生き物なのです。

（ちなみに、「哲学」は英語では「フィロソフィー（philosophy）」といいますが、これも古代ギリシア語の「フィロソフィア」に由来します。また、もともとは日本語でも、「賢哲の明智を希求する学問」という意味で「希哲学《きてつがく》」という訳語が使われていましたが、後に「希」が落とされて「哲学」という訳語が定着していったといわれます）

ここで重要なのは、哲学者はあくまでも「知を愛し求める」存在、すなわち、自分自身が抱いた問いの答えを「知りたい」と思って考え続ける存在なので、問いの答えをすでに知っている「知者」「賢者」ではないということです。

再び世間一般の哲学についてのイメージの話に戻ると、しばしば哲学者は、難解な哲学書を読みこなして、世界に関する深遠な（しかしどこか役に立たなそうな）真理を知っている賢人・賢者（あらゆることを知っているので偉いけれど、だからこそなんとなく怖くて近寄りがたい人）であると誤解されています。

まったく逆なのです。哲学者は、自分が驚いた世界の謎について、自分がいかに何も「知らない」かを徹底的に自覚していて、だからこそ、その謎について全力で考え抜こうと決意している人なのです。

そもそも、問いが根源的であればあるほど、そうした問いの答えを「知っている」と自信をもって言える人などほとんどいないはずです。

哲学者は、知者であるどころか、私たちの生活のすぐ裏側に潜んでいるような素朴で身近な疑問についてさえ、自分（あるいは自分を含めた人類全体）がとことん無知で無力な存在であることをはっきり認めます。

そして、その「無知の気づき」にもとづいて、哲学者同士でお互いに真摯《しんし》かつ徹底的に問いあい、そうした疑問の本当の答え（真理）をみんなで探究しようとするのです（これと関係する論点については、第1章でもソクラテスを引きあいに出して論じています。そちらもあわせて参照してください）。

●哲学する＝好奇心と探求心に満ちた遊び

以上の哲学観にもとづくなら、「哲学する」とはまず何よりも、自分自身が心の底から驚いた身近で素朴な疑問について、自らの無知を自覚しつつ、自分自身が本当に納得いくまで考え続けることである、となるでしょう。

するとこれは、子どもたちが教室でおこなっている哲学対話の営みとかなり接近します。正確に言えば、話はむしろ逆で、以上のような哲学観にもとづいて、そのような思考空間を教室に作り出すよう設計するのが、哲学対話の授業なのです。

また、この哲学観にもとづくならば、過去の哲学者の（しばしば難解な）思考を学んだり理解したりすることは、それ自体は「哲学する」こと（少なくともその「原型」）のうちには含まれないことになります。したがって、教室でおこなう哲学対話の授業に哲学者の言葉や議論が登場しないからといって、それは「哲学対話」ではない、とは言えないことになります。

これはもちろん、過去の哲学者の思考を学んだり理解したりするのは「哲学する」ことにとって意味がない、ということではありません。過去の大哲学者というのは、自分がいま驚きとともに考えているまさにその問題を、何百年・何千年も前に徹底的に考え抜いた「大先輩」なのですから、そうした人たちの思考は自分の考えをより深めるためにぜひとも参照すべきです。そのためには、「難解さ」ごときには怯《ひる》まずに、過去の哲学者の著作も何度も繰り返し読んで吟味するべきです（こうしたことを面倒くさがる人は、本当の意味で「知を愛し求めている」とは言えないでしょう）。

実際、私がおこなう哲学対話の授業では、中学1年生のクラスであっても、必要があると判断したら過去の哲学者の考え方を噛み砕いて説明します。

しかしそのことは、少なくとも「哲学する」という営みの「原型」においては必須ではないのです。

小中高校でおこなわれる哲学対話の授業でも、大学の哲学のゼミのように、過去の哲学者の思考の力を借りて自分たちの考えをぐんぐん深めていけたら、なおよいかもしれません。しかしだからといって、子どもたちが自分たちで見つけた（驚いた）問いを自分たちだけで裸一貫でうんうん唸《うな》って考えている対話が、「それだけでは哲学対話にはならないよ」ということには決してならないのです。

現在も現役で活躍中の日本の哲学者に、**永井均**《ひとし》という人がいます。

私はかつて彼の学生で、「哲学する」とはどういうことか、彼自身の「哲学する」姿勢から多くを学びました。

その永井は、『翔太と猫のインサイトの夏休み』という哲学入門書の冒頭（＊P10）で、以下のような哲学観を示しています。この哲学観は、本節で私が示そうと試みた哲学観（したがって、私自身が哲学対話の授業を設計するうえでベースとしている哲学観）と重なる部分が多くあると思うので、それを引用することで本節を終えます。

＊＊＊

日ごろ、私たちがあたりまえのように思って片づけていることの背後には、ワクワクするような問題がたくさん隠れています。そして私たちには、その問題を考える自由が与えられているのです。（中略）そして、**哲学とは何よりまず、好奇心と探求心に満ちた子どもの遊び場であることを知ってほしい**、と思っています。哲学とは人生と世界に関する深い真理を教えてくれるものだ、というのも嘘《うそ》ではないのですが、その真理に触れることができるのは、この遊び場でクタクタになるほど遊びほうけた後のことなのです。

4.2 「ただの会話」と「哲学対話」は、どう違う?

●おしゃべり自体を楽しむ「ただの会話」とは、こう違う!

哲学は本来、「難解」「深遠」とはかぎらない。
私たちの生活から縁遠いものでもない。
世界に対して素朴な驚きを抱き、そこから知を愛し求め、〝真理〟に至ろうとすることが哲学の「原型」である。

——といったことを、ここまで述べてきました。

哲学対話という営みのベースにあるのは、このような哲学観です。そうすると、こうした哲学観にもとづいておこなう哲学対話とは、いったいどんな対話なのでしょうか。

この節では、会話(おしゃべり)と哲学対話の違いに関するリップマンの考察を手がかりにして、哲学対話とはどんな特徴をもつ対話であるのかについて考えます。

哲学対話に対してしばしば寄せられる典型的な疑問（および批判）に、「それはおしゃべりとはどう違うの？」というものがあります。

たしかに、たとえば「幸せってなんだろうね？」という問いは、哲学対話で真面目に問われるテーマであるだけでなく、居酒屋で酒を飲みながら同僚とひとしきり愚痴をこぼしあった後に、ふと口をついて出てくるような疑問でもあります。そこから始まる居酒屋談義や、酔っぱらった上司による人生論の講義も、ある意味では「幸せとは何か？」という問いをめぐる意見交換であり、議論でもあると言えるでしょう。

だとしたら、それと哲学対話との違いはどこにあるのか、きちんとした説明が必要です。

このことを考えるうえでのヒントを、リップマンは示してくれます。リップマンは、単なるおしゃべりや日常的な会話と哲学対話とを比べることで、哲学対話の特徴を明らかにしようと試みました。

リップマンによれば、単なるおしゃべりや会話は、芸術作品の制作と同じで、「会話することとそれ自体を目的として行われるもの」（＊『探求の共同体』P126）です。おしゃべりは、おしゃべりを楽しむためにするものであって、何かほかの目的のためにするものではないのです。

これに対して、哲学対話は、参加者全員が〝真理〟を愛し求めて、みんなで協力しながら思

ただの会話	哲学対話
目的地がない	目的地がある
会話そのものを楽しむ	会話によって**どこか**へ向かう **（＝“真理” というゴール）**
散歩のようなもの	30人31脚のようなもの

考を深めていく共同作業――「対戦プレイ」ではなくて「**協力プレイ**」――です。

リップマンの言葉を借りるなら、哲学対話にはみんなが目指すべき「目的」があり、対話がそこに向かっていく「方向感覚」（＊『探求の共同体』P118）が存在するのです。

いわば哲学対話とは、〃真理〃というゴールを目指して、参加者全員が協力しあいながらゆっくり歩みを進めていく「30人31脚」のようなものです。

これに対しておしゃべりや会話は、目的地を決めないままに気の向くままにぶらぶらと歩くこと自体を楽しむ「散歩」のようなものかもしれません。

●目の前の議論の流れにぴったり張りつく

しかしそもそも、参加者がみんなで協力しあって〝真理〟を探し求めるように対話するなんて、いったいどうすればできるのでしょうか。

この問いに対してリップマンは、哲学探究の進め方に関するソクラテスの見解に言及しながら、「**議論が導くところについていく**(follow the argument where it leads)」(＊『探求の共同体』P119)ように対話すればよいと答えました。

ごく簡単に述べるなら、これはつまり、議論をする際に、それが誰の発言であるかとか、教科書や一般常識ではどうなっているとか、自分はどういう意見や考え方が好みで支持しているかとか、そういう類をいったん全部脇に置いて、**ただただ目の前の議論の流れに沿って議論を進めていく**ということです。

早急に「合意」や「結論」を得ようとするのではなく、議論で相手をやっつけようとするのでもなく、ただひたすらに公平無私な心で、

・その議論がきちんと成立しているか
・理由に説得力はあるか

・おかしなところ（論理が破綻している箇所）はないか

といったことだけに気を配って議論を進めていくということです。

このように、議論の外側のことには目を向けず、**議論の流れ**だけに意識を集中させて、議論にぴったり張りつくようにして考えを進めていくことを、前節で紹介した哲学者の永井均は、議論に「**ひたりつく**」と表現しました（＊『哲学の賑やかな呟き』Ｐ３０１）。

まさにこの「ひたりつき」の精神に則って、議論の導く方向にただただ進んでいくことによって、哲学対話の参加者は真理を目指して一緒に歩みを進めていけるのです。

リップマンは、教室のなかで子どもたちが協力しあい、真理に向かって「議論が導くところについていく」ように対話することで、教室は「**探究の共同体**（community of inquiry）」に作りかえられると考えました。

リップマンは、理想的な探究の共同体としての教室のあり方を、次のように表現しています。

＊＊＊

教室が探求の共同体に作りかえられたとき、議論が導くところについていくためのステップは論理的なステップである。（中略）探求の共同体がゆっくりと前進するにつれて、探求のどのステップも何らかの新たな要求を生み出していく。証拠を一つ発見することで、今必要とされているさらなる別の証拠の本性に光が投げかけられる。あることを主張することによって、その主張を擁護する理由を見つけることが必要になる。推論を行うことによって、そのような推論の背後にある暗黙の前提や当然視されていることを精査しなければならなくなる。それらは別のことであると主張することによって、物事はどのように区別されるべきかという問題が生じる。どのステップも、反論したり擁護したりする一連の運動を引き起こす。派生的な問題が解決されていくにつれて、共同体の方向感覚は明確で確かなものになり、探求は新たな活力を得て進んでいく。

*『探求の共同体』P132

●哲学対話がもたらす、圧倒的な「自由」の体験

単なるおしゃべりや会話と哲学対話の違いについて、ここまでの説明を通してある程度、明確にできたのではないかと思います。

どちらも同じようなつぶやき、たとえば「本当の幸せってなんだろう?」から始まることがあるのですが、それについて思いつくままに話すのと、その問いの本当の答えを求めて「議論

が導くところについていく」のとでは、一見同じ話に見えても、そこでおこなわれる活動の内実はかなり異なるのです。

しかし、このことを理解すると、今度は「哲学対話ってなんだか堅苦しくて窮屈そうだな」と思う読者も出てくるのではないかと思います。

「『真理を求めて協力しあう』『ひたすら公平無私に議論の流れにひたりつく』なんていかにも難しそうだし、そんなことに子どもが興味をもつとは思えない。それよりも、同じ問いについてクラスのみんなで気ままにおしゃべりしたほうが楽しそうじゃない？」と。

たしかにそうかもしれません。しかし一方で、教室のなかで単なるおしゃべりではない哲学対話をすることで、初めてもたらされるものもあるのです。

それは一言でいうと、圧倒的なまでの「自由」「平等」「尊重」の体験です。このことについては第1・2章でもすでに述べましたが、ここでもあらためて強調しておきましょう。

「議論が導くところについていく」ように対話するときには、どんな常識も伝統も権威もそれだけでは価値を失うので、子どもたちは日常のなかでのそれらへの束縛から解放されて、真に自由に思考し発言できるようになります。

また、哲学対話をおこなっている教室では、子どもと大人／生徒と教師は真の意味で対等になります。大人も教師も、そうであるというだけの理由で尊敬されることはなくなり、議論を前に進めるためにどれだけ貢献できたかという点のみから（つまり生徒と同じ基準にもとづいて）評価されるようになります。

さらにそこでは、生徒たちのどんな発言も、それが真剣な意図のもとで発せられたものであるかぎり、できるだけ注意深く聞かれ、徹底的に尊重されます。自分とは異なる考えのなかに真理を知る手がかりがあるかもしれないと本気で思うので、ほかの生徒の話はできるかぎり正確に理解しようとしますし、理解できないところはしつこく質問したり反論したりするのです。

このように、哲学対話では、参加者みんなが本当のことを知りたいと本気で思いあうことで、お互いに相手の考えを参考にしあい、みんなで協力して考えをより深く掘り下げようとします。そして、このような「**協力プレイ**」**を通して、参加者同士が一種独特の連帯感とお互いに対する敬意で結びつく**のです。

このことは、クラスの雰囲気作りの改善に独特の仕方で貢献します。これは、クラスメイトとただ単におしゃべりする時間を設けるだけではもたらされない、哲学対話をすることによる特有の教育効果です。

●そんなこと考えたって時間の無駄?

ここまでに、哲学対話とは「参加者全員が〝真理〟を愛し求めて、みんなで協力して思考を深めていく共同作業」であると述べてきました。

前節でも確認したように、哲学者とは、哲学的な問いに対する答えに到達した「知者」「賢者」ではありません。むしろその逆で、自分（たち）にはそうした問いの答えがわかっていないことを徹底的に自覚していて、その「無知の気づき」から、本当の答え（真理）を「愛し求める人（フィロソフォス）」が哲学者なのです。

しかし、誰もまだ真理に到達していない問いについて、真理を「探し求める」とは、よく考えるとかなり奇妙な営みです。真理を知る人が誰もいないのであれば、どれだけ真摯にその問いに向きあって「議論が導くところについていく」としても、その結果、自分が真理に近づいているかどうかさえ、よくわからないはずだからです。

巨大な迷路に迷い込んで、ゴールにたどり着くことを強く切望しながら歩き回っても、その歩みは実際にはゴールとは正反対の方向に向かっているのかもしれません。もし「哲学する」というのがこれに類することだとしたら、これほど空しい営みはないでしょう。

このことから哲学は、長い歴史を通して常に、「そんなこと考えたって時間の無駄」という批判に晒《さら》され続けてきたのです。

ちなみに、これとほぼ同型の問題は、古代ギリシアの哲学者**プラトン**によって、じつに2000年以上も前に提起されました。それは「**探求のパラドクス**」と呼ばれ、『メノン』という本で扱われています。プラトンはこの問題に対してどのように答えようとしたか、興味のある方はぜひ『メノン』を直接読んでみてください。『メノン』は対話形式で書かれた哲学書(「対話篇」)ですので、哲学者による哲学対話のドキュメントとしても興味深いと思います。

さてそれでは、哲学的に思考し対話することによって得られるものとは、結局のところ本当に何もないのでしょうか。

そんなことはありません。

たしかに私たちは、いくら時間をかけて「議論が導くところについていく」ように思考し対話したとしても、それによって哲学的な問いの「答え」に直接たどり着くことは(皆無ではないですが)ほとんどありません。しかしそれでも、私たちは、真剣に思考し対話することで、その問いについての考えを「深め」たり、議論を「前進」させたりできるのです。

●「思考が深まる」って、どういう意味？

ここでただちに、再び次のように問われることになります。「哲学対話において思考が『深まる』とか議論が『前進』するとは、そもそもどういう意味なのか」と。

これも答えるのが非常に難しい問題ですが、ここではさしあたって「思考が哲学的に深まった」「議論が哲学的に前進した」と言えそうな例をいくつか提示することで、「誰も答えを知らない問いの答えを探し求める」とはいったいどういうことなのか、もう少しはっきりしたイメージを示したいと思います。

哲学対話のなかで思考が哲学的に深まった（議論が哲学的に前進した）と言えそうな場面の一つは、それまで漠然と不明確に捉えられていた思考が対話を通して明確になり、そこで検討された（多くの場合、日常的な）**概念が洗練されたとき**です。

その例として、私が過去に体験した「幸せとは？」という問いをめぐる哲学対話について述べてみましょう。

この対話では、最初のうちは進行役の「**どういうときに幸せを感じるか？**」という問いかけに応じて、「お風呂に入っているとき」「仕事を終えてビールを一気に飲み干すとき」「暖かい布団にくるまって眠るとき」などの答えが、発言者の実体験とともにたくさん出されました。

そうこうするうちに、参加者の一人が、これらの場面に共通するのは「幸せな感情を抱いているとき」であると発言して、それによって「**幸せとは〝幸せ感〟を感じることである**」という意見で全員の考えがいったんまとまりかけました。

しかし、なおも対話を続けるうちに、〝幸せ感〟を感じない幸せを体験したことがあると発言する参加者が現れました。

その人は、少し前に親しい友達を亡くしたそうなのですが、その友達と生前に会って他愛のない話をしたときのことが、いまではとても幸せな時間だったと思い返されるそうなのです。しかし、過去にその人と会っていた時点では、自分はそのことに特別な〝幸せ感〟を感じていなかった。だから、**本当は幸せでも〝幸せ感〟を感じないことはある。**――その参加者はこのような趣旨のことを述べました。

●「概念の洗練」――世界が透明化していく

以上のように対話が続くのは、哲学対話では典型的な場面の一つですが、ここで起こっていることが「**概念の洗練**」です。

説明しましょう。まず対話が始まる前、参加者たちは「幸せ」という、私たちにとって身近な概念について、とくに反省的に考えることなく漠然と不明確に捉えていました。しかし対話のなかで、「幸せとは?」とあらためて問われたことで思考が喚起され、みんなで「議論が導くところについていく」ように対話した結果、いったんは「幸せとは〝幸せ感〟を感じることである」という意見に落ち着きました。

しかし、それに続く「〝幸せ感〟を感じない幸せを体験したことがある」という参加者の発言(反例の提示)によって、「〝幸せ感〟を感じること」という捉え方では幸せの概念の理解として不十分であることが明らかになりました。

以上のような議論のステップを踏むことを通して、「幸せ」という私たちの日常的な概念の理解は、**対話のなかでより明確で洗練されたものに更新されていった**のです。

実際の対話では、この後さらに「〝幸せ感〟を感じているのに幸せでないこともある」という意見も出されました。麻薬中毒者は麻薬を使用しているとき、脳内は多幸感にあふれているけれど、だからといってその麻薬中毒者は客観的に見れば幸せとは言えないだろうからです（この論点を提起したのは、たしか私であったと記憶しています）。

こうして、〝幸せ感〟を感じることは「幸せ」であるために必要でも十分でもないことが明らかになり、そこから対話は、「幸せ」が〝幸せ感〟という主観的なものから独立しているのだとしたら、「幸せ」とは客観的なものなのか、それともやはり何らかの意味で主観的なものなのか、という新たな問いを検討する局面に移りました。

こうして、参加者がみんなで協力して「幸せとは？」という問いの答えを探し求め、「議論が導くところについていく」ように対話した結果、参加者たちは、「幸せ」についてより整合的で明晰《めいせき》な捉え方ができ、対話する前よりも洗練された「幸せ」概念を獲得できるようになりました。

対話を通してこのようなことが起こったとき、私たちはたしかにまだ〝真理〟には到達していませんが、それでもなお「思考が哲学的に深まった」「議論が哲学的に前進した」という、たしかな「手ごたえ」「実感」を抱けるのです。

●「無知の気づき」――世界が不透明化していく

一方で、これとは正反対のベクトルに議論が進んだときも、私たちは「思考の哲学的な深まり」「議論の哲学的な前進」を感じ取れることがあります。

それはすなわち、自分（たち）が知っていると思っていたことについて、じつは自分（たち）は知らなかったと気づいたときです。

これについても、実際に私がおこなった授業を例に示して説明しましょう。

ある日の中学1年生のクラスで、**「ロボットに心はありうるか？」**というテーマをめぐって哲学対話がおこなわれました。

「人間の脳をそっくりコピーすれば、ロボットも心をもてるのではないか？」

「人間は完璧な存在ではないのだから、人間の心を人間が完璧に再現することはできないのではないか？」

「ロボットは記憶を忘れることができないので、ロボットが心をもったとしても、人間の心とは少し違うのではないか？」などの論点を検討した後、授業も終盤にさしかかったときに、ある一人の生徒が「**そもそも心って何なのか?**」と発言しました。

この問いの投げかけをきっかけに、対話は自然と「心とは何か?」について考える局面に移行。「**心は脳のなかにあるのではないか?**」「身体が記憶しているという言い方がある以上、心は脳のなかだけにあるわけではないのではないか?」「**感覚や経験がないと心は生じないのではないか?**」という方向へと議論は進みました。


以上の哲学対話で起こったのは、これまで自分(たち)がわかっていると思って、それを前提にして探究を進めていた「心とは何か」について、じつは自分(たち)はそもそもわかっていなかった、という「**無知の気づき**」です。

対話の参加者たちは、いままで問題がないと思っていた(問題が見えなかった)ところに問題があることを自覚し、そのことで、当初の問いの真理に到達するにはそれらの問題も探究しなければならないと明確に見通せるようになったのです。

私たちは多くの場合、「そもそも?」と問われることで、問い自体をめぐって探究をおこなう局面から、その問いを成立可能にしている**暗黙の基盤**(**問いの根っこ**)を主題化して反省的に吟味する局面へと、探究を自ずと一段、掘り下げることができます。

それゆえ私たちは、哲学対話のなかで「そもそも？」と問われる多くの場面で、「思考の哲学的な深まり」「議論の哲学的な前進」を「実感」できるのです。

ここまで、哲学対話の参加者が真理を真摯に愛し求めるマインドをもって、みんなで協力しあって「議論が導くところについていく」ように思考し対話していくと、対話のテーマの中核をなしている概念を洗練させたり、当然わかっていると思い込み探究の前提にしていたことがじつはよくわかっていなかったと気づいたりする、と述べました。

議論の流れにただただひたりついて思考や対話をすることで（そして、そうすることによってのみ）、こうした明確な「成果」を獲得できるのですから、哲学対話をすること（哲学的に思考すること）はまったく無駄ではないのです。

補足しておくと、以上で述べた「概念の洗練」と「無知の気づき」は、哲学対話のなかで独立して起こることではありません。

先に述べたように、私たちは自らの「無知」に気づくことで、その事柄についての真理を知りたいと渇望し、それを原動力として思考と対話を駆動させます。そして、ただひたすらに議論にひたりついて考えたり対話したりすることで、その事柄に関わる概念や世界の捉え方をさらに見通しのよい、洗練されたものに作りかえるのです。

概念の洗練が「世界が透明化していくプロセス」だとすると、無知の気づきは「世界が不透明化していくプロセス」と言えるでしょう。

哲学者は、まずは「無知のプロフェッショナル」として、世界中の誰もつまずいていないところに問いがあることに気づき、世界の不透明性をあらわにします。

そして次は、「愛知のプロフェッショナル」として、その問いを徹底的に議論の赴くままに考え続け、より洗練させた世界の捉え方を提案して、世界に透明性を回復させるのです（さらに言えば、この2つの運動を、生涯をかけて延々と繰り返し続けるのです）。

4.3

哲学対話のキキメ

●みんなで「哲学する」こと、ならではの効能がある

前節では、哲学対話と単なるおしゃべりの比較を手がかりにして、哲学対話が「みんなで協力して思考を深めていく共同作業」であることを明らかにしました。

哲学対話とは、過去の哲学者の思考や理論を引きあいに出して議論するようなものでなく、難解な哲学用語を駆使して相手を「論破」するようなものでもありません。

そうではなくて、哲学者と同じ「知を愛し求める（フィロソフィアの）」心をもって、哲学者と同じように「議論が導くところについていく」ように思考し対話する営みなのです。

このため、哲学対話は、哲学に関する前提知識をもたない子どもでも取り組めます。「学問としての哲学」の知識がなくても、「哲学する構え」さえもちあわせていれば、哲学対話はあらゆる人に向けてひらかれているのです。

とはいえ、純粋に知ることだけを欲して議論にひたりつくのは、日常生活ではまずおこなう機会がありません。私たちは、言葉を使って日々たくさんの種類のことをおこなっていますが（たとえば、情報交換、相談、指示、怒る、謝る、あいさつする、お世辞を言う……など）、哲学対話はそのどれとも違った、**極めて特殊な言語活動**なのです。

そのため、大人たちのなかにも、こうした特殊な対話を交わしたくて、わざわざ「大人向けの哲学対話の場」に出かける人がいます（これについては、次章で紹介します）。でもその話をする前に、もう少しだけ、学校での哲学対話のトピックに留まりましょう。

現在の学校では、教室で子どもたちが議論や対話をおこなう機会が格段に増えています。第3章で見たように、現在の学校教育の最大のミッションは、変化が激しく先の見通せない現代社会を生き抜く力を子どもたちに身につけさせることであり、そのために最も重要なのは、子どもたち同士でコミュニケーションを取りあい、議論しあって、自分たちで問題を解決していくことだと考えられているからです。

このため、いまの学校の教室では、国語や社会といった教科の授業でも、「グループワーク」「学びあい」「ロールプレイ」など、じつにさまざまな種類の言語活動（アクティブ・ラーニング）

が頻繁に取り入れられています。哲学対話もまた、そうした学びの手法の一つとなりうるからこそ、日本の学校に根づきつつあるのです。

しかし一方で、先ほど述べたように、哲学対話は日常生活ではまずおこなうことのない特殊な言語活動です。それゆえ、学校に哲学対話を導入することは、一般的なアクティブ・ラーニングを導入することによる効果（たとえば、それによって子どもたちの「コミュニケーション力」「議論する際の基本的なマナー」が身につく、といったような効果）とは別に、学校のなかで哲学対話をすることによる固有の効果ももたらしてくれるのです。

それでは、**学校のなかで「哲学する」からこそもたらされる、哲学対話ならではの効能（キキメ）**には、いったいどんなものがあるのか。この節で考えてみましょう。

●哲学対話のキキメ①――〝真理〟を愛し求めるマインドと態度を育てる

哲学対話は、子どもたちの「〝真理〟を愛し求める」マインドと態度を育成します。

何度も繰り返しているように、哲学対話とは、参加者みんなが知と真理を愛し求めて、「議論が導くところについていく」ように探究を深めていく言語活動です。

それゆえ、子どもたちはそうした対話に何度も繰り返し参加するうちに、ある意味では当然のことですが、真理を愛し求めるマインドを自然に身につけるようになります。

「真理を愛し求めるマインド」などというと、なんだか少しオカルティックに聞こえるかもしれません。しかし、これは要するに、著名な科学者（たとえば、山中伸弥《しんや》さんや本庶佑《ほんじょたすく》さんのようなノーベル賞受賞者を思い浮かべるとわかりやすいかもしれません）が真摯に研究に取り組むときに発揮するような、物事を探究する際の理想的な姿勢や態度のことです。

たとえば、自分とは異なる意見や学説も一方的に無視したり否定したりするのではなく、むしろ「**自分のほうが間違っているかもしれない**」**と疑って相手の話に丁寧に耳を傾けて検証する**。このことは、そうした態度の典型的な例です。

これとは逆に、まわりの人たちのほとんどが自分の考えを攻撃してきたとき、自分の側に十分な根拠があってどうしても納得できないと思えるときには自説を曲げないことも、真理を愛し求める理想的な態度になりえます（宗教裁判で地動説を否定されたガリレオが、「それでも地球は動いている」とつぶやいた故事を思い出してください）。

このような姿勢や態度を、哲学者はしばしば「**知的徳**《ちてきとく》（intellectual virtues）」と呼びました。哲学対話には、この知的徳を育てる効果があるのです。

実際、私がおこなった哲学対話の授業を2年間受けた生徒たちは、受けなかった生徒たちと比べて、「自分とは異なる意見や考え方を受け止める姿勢（オープンな心）」が向上したことを、心理学研究者との共同研究で確かめました（この研究の詳細を知りたい方は、私の博士論文『子どもの哲学と理性的思考者の教育』第8章をご参照ください）。

●哲学対話のキキメ②——本物の批判的思考力を育てる

哲学対話は、自分たちの置かれた状況を問い直し、自分たちの生き方を吟味する、本物の批判的思考力を育成します。

哲学対話が、その他の話しあい活動と大きく異なる特徴の一つは、「主張する」こと以上に「問う」ことが重視される点です。知を愛し、真理を追い求めて探究するときには、自らの無知を率直に認め、自分が知らないことや理解できないことを謙虚に「問う」姿勢が求められるからです。

古来より哲学者たちは、自らが知っていると思い込んでいることに対して疑問を差し挟み、常識の前で立ち止まって「問い直す」営みを続けてきました。

知を愛し求める人は、自らの無知に人一倍、敏感であるがゆえに、ふだんは意識しない日々の営みの細部にまで十分な意識を払います。そこで自分があたりまえに受け入れていたことを見つけ出し、それは本当にあたりまえなのかと疑おうとするのです。

このような仕方で「問い」を発し、あたりまえの根拠を吟味する経験を積み重ねると、一見すると透明に見える日常世界にもじつはさまざまな問題が隠れている、と感知できるようになります。

真理を愛し求めて「議論が導くところについていく」ように思考し対話する哲学対話の営みは、自分たちの身の回りの生活や社会のあり方、世間的な常識といったものを「問い直し」て、そこに潜むさまざまな問題に気づき、それらを吟味し改善していく力を育むことにつながるのです。

自分（たち）が漫然と受け入れている前提を問い直し、自分（たち）の日常的なあり方を批判的に検討することを、ソクラテスは「**生活の吟味《ぎんみ》**」と呼びました。

私たちはふだん、自分たちの置かれた状況のほとんどの部分を「そうに決まっている」「ふつう、そういうものだ」「ずっとそうだった」などと言ってやり過ごします。仮にそこに何か問題や矛盾があることに気づいたとしても、たいていは見て見ぬふりをします。

しかし、哲学対話を通して「議論が導くところについていく」ようにじっくり考え吟味していくと、私たちがなんとなく受け入れている慣習や前提には多くの場合たいした根拠がないことが少しずつあぶり出され、それが対話の参加者のなかで明確に自覚されていきます。

学校での哲学対話の場面を通して、このことを見ていきましょう。

日本の中高生のほとんどは、男子の制服がズボンで女子の制服がスカートであることについて、とくに疑問を抱かずに「あたりまえ」だと思って生活していると思います。

しかし、哲学対話の授業で制服の意味があらためて問い直されると（たとえば「制服は何のためにあるのか？」という問いをめぐって哲学対話をしたりすると）、必ずと言っていいほど「なんでズボンとスカートから自由に選べないんだろう？」という疑問が出ます。

とくに女子生徒からは、怒りのこもった異議申し立ての声がしばしば発せられます。

「なんで女子だけ、真冬でもズボンをはくことが認められないの？」

「学校がスカートをはかせておいて、痴漢がいるから女性専用車両に乗りなさいって指導するのはおかしくない？」

「私服ではその日の気分でスカートかズボンを選ぶんだから、制服でもそれでいいじゃない？」

こういう怒りの声に混じって、

「私は、スカートをはくと自分が自分でなくなるような気がするから、スカートは制服でしか持っていない」といった発言もちらほらと聞こえます。

こうした意見を真剣に受け止めながら、さらにみんなで考えを進めていくと、徐々に「もしかすると『制服では男子はズボン、女子はスカート』という習慣には、じつはたいした意味はないのかもしれない」という気づきを対話の参加者たちは得るようになります。

さらにそこから対話が進むと、「そもそも人間が『男』と『女』の2種類に分けられるという前提自体が疑わしいのでは？」とか、「だとしたら、履歴書や入学願書で『男・女』のどちらかにマルを付けさせるのもおかしいのでは？」といった、さらなる前提の問い直しがおこなわれることもあります。

このように、学校で哲学対話をおこなうと、子どもたちが学校生活を送るうえで「あたりまえ」としていた前提が問い直され、そのおかしさが白日の下に晒《さら》されることがしばしばあります。

さらにときとして、「そのあたりまえにはたいした根拠はない」と単に気づくだけでなく、「それが気づかないうちに一部の人を不当に傷つけている」と明確に自覚できるようになることもあります（「スカートをはくと自分が自分でなくなるような気がする」人が、制服ではスカートをはくことを事実上、強制されているとしたら、その制度はその人を明確に傷つけていることになるでしょう）。

こうして問題が明確化し、しかも、もともとの「あたりまえ」を受け入れることに別の強い理由がない場合には、生徒が学校の制度を改革する声をあげることもありえます。

自分たちにとって身近な学校制度について公平無私に考えることが、自分たちの学校での生活の吟味につながり、結果として、自分たちの学校生活の改善につながることもあるのです。

このように、**自分たちの「あたりまえ」という狭い世界に安住せずに、自分たち自身のあり方を常に批判的に検討して改善していくことこそ、本当の意味での批判的思考力である**と私は考えます。

学校で哲学対話をすることは、このような意味における本物の批判的思考力を育成するうえでも効果があるのです。

●哲学対話のキキメ③――「あたりまえ」に乗りきれない人たちの居場所を作る

哲学対話は、学校のなかに脱学校的な空間を作り出し、学校的な秩序にうまく順応できない子どもに居場所を提供します。

哲学対話は、大人たちの作り出した「常識」や学校生活における「あたりまえ」をしばしば問い直す、とここまで述べてきました。

そうした「常識」「あたりまえ」にはさしたる根拠がない場合もたくさんある、と明らかにすることで、それらの価値の相対化に一役買うのです。

すると当然のことながら、世間的な「常識」や学校的な「あたりまえ」にうまく乗りきれず、学校生活をいまひとつ楽しめない生徒たちが、哲学対話の授業に強く惹《ひ》かれていきます。

哲学対話の授業がおこなわれている教室は、学校のなかにありながらも、その時間だけは学校的な秩序が相対化された「**アジール**（**聖域・避難所**）」となり、そうした生徒たちに対して居心地のよい居場所を提供できるのです。

私はかねがね、哲学対話がおこなわれている教室は保健室に似ていると考えています。保健室もまた、学校のなかにありながら、学校的な秩序（たとえば、成績をはじめとしたさまざまな「評価の秩序」や、友人関係をはじめとしたさまざまな「人間関係の秩序」など）が届かない「暗がり」です。

だからこそ保健室は、学校的な秩序にうまく順応できない生徒たちがときどき逃げ込める「隠れ家」となりうるし、学校的なものからしばし離れて安心して休める「休息所」となりうるのです。

学校のなかに公的な形でこのような空間（避難所）が確保されていることは、さまざまな子どもたちが集まって生活する学校という場では絶対に必要なことです。

もしかすると、学校によっては、図書室もこれと同じような空間として機能しているかもしれません。私自身も高校生の頃は、休み時間になるたびに教室を抜け出して図書室に入り浸る生徒でした。いまにして思うと、私にとっては図書室こそが、学校的なものから解放されて一人の人間に戻れる「アジール」だったのだと思います（ちなみに、そのときに同じように図書室に引き寄せられた者同士でつながった何人かの友人たちとは、いまもずっと関係が続いています）。

哲学対話がおこなわれる教室も同じです。だからこそ、第2章でも述べたように、勉強が苦手だったり授業への参加意欲が低かったりして滅多に発言しない生徒が、哲学対話の授業になると人が変わったように積極的に発言したりして、しばしばクラス担任を驚かせるのです。

これと同じことは、海外で哲学対話の授業に取り組む実践家の口からもよく語られるので、決して日本独自の現象ではないようです。

逆に、いわゆる「優等生」タイプの生徒のほうが、最初のうちは哲学対話の時間にどうふるまっていいかわからず、戸惑う姿を目にすることもあります。

「常識」や「あたりまえ」にうまく馴染《なじ》めない生徒は、哲学対話の場で自らの違和感を率直に語るだけで、ほかの参加者たちの凝り固まった固定観念を自然にときほぐせるので（実際に、そうした生徒による「常識」への率直な違和感の吐露は、たいていの場合とてもおもしろく、哲学的にも興味深いアイデアがたくさん含まれています）、初めて哲学対話をするときでも参加のハードルが自動的に低くなるようです。

こうして、ある種の生徒たちは、哲学対話の授業をきっかけにして、哲学対話に自然に〝ハマって〟いきます。「あたりまえ」に乗りきれない生徒同士でつながり、学校のなかで安心して過ごせる居場所を求めて、さまざまな行動を勝手に開始します。

たとえば、放課後に友達同士で自主的な哲学対話の会をひらいたり、文化祭で哲学対話のイベントをおこなったりします。また、仲間を集めて「哲学対話部」「哲学対話同好会」を作る生徒もいます。私も学校の哲学に関わる活動全般を司る「フィロソファー・イン・レジデンス」として、こうした生徒たちの活動を後ろから控えめにバックアップします。

最近では、同じように哲学対話にハマった保護者たちとも連携し、生徒と保護者が合同でおこなう哲学対話の集いを、各学期に一度ずつ自主的に開催するようにもなりました。

いままでは私は、フィロソファー・イン・レジデンスの重要な職務は、教育活動の一環として全校生徒に哲学対話の授業を提供することだけでなく、学校的な秩序に乗りきれずに「哲学」に救いを求める子どもたちに対して、彼ら・彼女らが安心して過ごせる居場所を学校のなかに作っていくことも含まれると考えるようになりました。

しかしこれは、難しい職務です。この難しさも、もしかすると、養護教員の職務の難しさと似ているかもしれません。学校のなかで養護の先生は、一方では誰もが逃げ込める保健室という場の「聖域性」を頑として守りつつ、他方ではそこに避難する生徒のそれぞれの問題を理解し、必要に応じてクラス担任、学年団、管理職の教員と情報共有して、問題解決を図ります。

いわば養護教員は、学校の「光」の空間と「暗がり」の空間を上手に橋渡しする「潤滑油」

のような存在なのです。これは、学校という場の健全性を保つうえで極めて重要な役割で、だからこそ、両者をうまくつなぐ養護教員のいる学校は、いい学校になるのです。

果たして、「考える」ことの専門家でしかない私が、学校のなかでそれに類する役割を担えるのか……フィロソファー・イン・レジデンスとしての私自身の挑戦は、まだまだ続きそうです。

●学生のための哲学カフェ案内

この節を終えるにあたり、最後に一つだけ、私自身の教え子（および、もと教え子）たちの活動を紹介させてください。

ここまで述べたような経緯で哲学対話にハマった生徒たちが、2015年に、校内で哲学対話の活動団体を立ち上げました。

最初は、文化祭のイベント用に作られた一時的な集まりでしたが、その後も、大学の学園祭に参加して哲学対話をおこなったり、小さなイベントスペースを借りて校外の中高生たちと哲学対話をおこなったりして、活動の場をどんどん広げました。

現在、立ち上げメンバーは全員大学生になり、もはや学校とは独立した形で、中学生〜大学生を対象にした「学生のための哲学カフェ」を運営しています。どの学校の学生も参加でき、毎回ウェブサイトやSNSで参加募集しています。

団体の名前は「**ありとぷら**」です（「アリストテレスとプラトン」と「ぐりとぐら」の2つの意味が込められています！）。原則的に学生以外は参加できず、大人の見学NGですが、もし学生の読者で興味のある人がいたら、ありとぷらのウェブサイトにアクセスしてみてください！

学生のための哲学カフェ「ありとぷら」の様子。学校が休みの日に開催するため私服での参加者が多い

第5章

街角の哲学カフェ案内

大人たちもみんなで哲学する！

5.1 パリ発、日本各地に広がる「哲学カフェ」

●大人たちにも哲学対話の場があった！

前章まで、哲学対話を用いた教育活動について述べてきました。

もしかすると、読者のなかには、「自分も子どもの頃にこういう授業を受けたかったな！」と思っている方もいらっしゃるかもしれません。

もちろん哲学対話は、小中学生のような子どもたちだけのものではありません。むしろ、さまざまな人生経験を積んできた大人たちは、自らの経験と照らしあわせながら問いを考察できるので、物事をより繊細に、細部にわたって丁寧に考えることができるのかもしれません。

学校で行われる哲学対話の授業は、基本的には、哲学対話という方法を用いた「教育活動」です。しかし、物事をじっくり考えることや、自分の考えを深めるためにほかの人の意見を聞くこと、考えをほかの人に話して一緒に吟味してもらうことは、まずは無条件に楽しいものです。

哲学対話の授業では、「哲学する」ことは思考力の育成という教育効果をもたらす「手段」にすぎませんが、そもそも「哲学する」ことは純粋に楽しいことなので、「**哲学する**」**こと自体を**「**目的**」**に哲学対話をおこなってもよい**のです。

●哲学カフェのはじまりは、パリの街角

こうして、単純に楽しいから「趣味」「遊び」で哲学対話をする、という人たちが年齢問わず現れます。

そういう人たちが集まって自主的に哲学対話をおこなう場を、「**哲学カフェ**」といいます。ときどき誤解されることがありますが、「哲学カフェ」という特殊なお店がどこかにあるわけではありません。人々が自分たちの意志で集まって哲学対話をおこなえば、どこであれ、そこが哲学カフェになるのです。

哲学カフェという「遊び」は、いまから四半世紀ほど前、パリの街角のカフェで生まれました。哲学者の**マルク・ソーテ**が始めたとされますが、哲学カフェは誕生の瞬間から、偶然の要素を多分に含んでいました。

1992年初夏、ある日曜日の午前中に、ソーテと彼の仲間たちがバスティーユ広場に面したカフェに集まりました。店の名前は「カフェ・デ・ファール」。やや時代遅れなつくりながらも、ごくありふれたパリのカフェでした。

ソーテは当時、グランゼコールの一つであるパリ政治学院で哲学の教授を務めていて、この日は仲間うちで日曜日恒例の研究報告の会をおこなっていました。

するとそこに、前日ソーテが出演したラジオ番組のリスナーの何人かが、「今日カフェ・デ・ファールで哲学の討論会があるようだ」と誤解してソーテたちのもとに押しかけてきました。集《つど》ったのは総勢10名ほど。ソーテはせっかく来てくれたのだからと、その場で即興の進行役を務め、**「死」というテーマで哲学の討論**をおこないました。

するとこれが好評で、これ以降、毎週日曜日の午前中になると、哲学好きの人々が自然にカフェ・デ・ファールにやってきて、ソーテたちと哲学討論をおこなうようになりました。

そうこうしている間に、たまたまお店に居合わせたお客さんたちも哲学討論に加わるようになりました。学生や会社員、若いカップル、弁護士、老紳士、組合活動家の女性、黒人のレゲエ風ミュージシャンといったような、職業も年齢も性別も社会的立場もバラバラな多様な市民たちが、一つの哲学的な問いをめぐって意見を交わしました。

「哲学カフェ発祥の地」とされる
カフェ・デ・ファール
（写真提供：ナカムラクニオ）

最終的には、１５０人以上の人々が集まる日もあり、カフェからは人があふれ出るようになりました。これが哲学カフェのはじまりとされています。

ソーテ自身は、98年に52歳の若さで急逝してしまうのですが、その後もカフェ・デ・ファールでは、定期的に哲学カフェが開催されていて、いまではこのお店は「哲学カフェ発祥の地」として有名になりました。

また、この活動はフランス各地のカフェにも飛び火して、フランス全土でちょっとした社会現象に。間もなく、その流れは国境を超えて、世界中へと広がりました。

このようにして、街角のカフェで哲学的な問いについて対話するという、いかにも「フランスっぽい！」哲学カフェの文化は、いまや世界各地で受け入れられるようになったのです。

●日本ではこうして始まった

日本でも哲学カフェがおこなわれるようになったのは、2000年前後の頃です。関東では「**関東実験哲学カフェ**」という、文字どおり「実験的」な哲学カフェが立ち上げられ、関西では哲学者の鷲田清一《わしだきよかず》らが大阪大学内に設立した「**臨床哲学研究室**」が中心となって、カフェをはじめとした街角の公共スペースで哲学する活動が始められました。

ちなみに、臨床哲学研究室のメンバーが最初に哲学カフェを開催した場所は、大阪市内にある「應典院《おうてんいん》」というお寺です。パリの街角のカフェで始まった哲学カフェが、日本に入ってきて最初にひらかれたのが街中のお寺であったという事実には、「カフェ」と「お寺」がフランスと日本それぞれの社会で伝統的に果たしてきた役割が色濃く反映されているように、私には思われます。

こうした取り組みがある程度、軌道に乗り、活動や実践者が多様化した2005年には、哲学カフェをはじめとする街角の哲学の実践やサポートをおこなう「**カフェフィロ**」という団体が立ち上げられました。

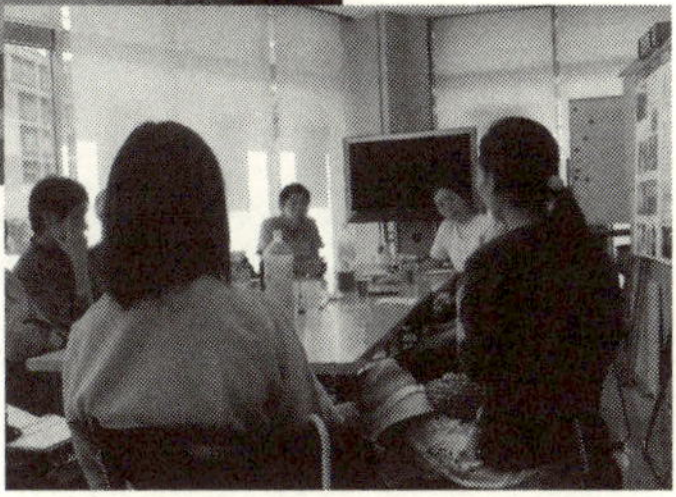

左：大阪市・なにわ橋駅構内の交流スペース「アートエリアB1」でおこなわれた哲学カフェ。右：岡山大学の地域交流拠点「まちなかキャンパス城下ステーション」でおこなわれた哲学カフェ（写真提供：カフェフィロ）

カフェフィロのウェブサイトによると、団体設立時には臨床哲学研究室の関係者が中心メンバーとなっていたそうですが、設立当初より大学から独立した任意団体として活動を継続してきたため、現在では会社員や教育関係者など多様なメンバーで運営されているそうです。

このカフェフィロが、哲学カフェやその他のさまざまな街角の哲学の窓口となったことで、たとえば、全国各地の哲学カフェ開催情報を共有したり、哲学カフェに参加したい人同士や哲学カフェを運営してみたい人同士がゆるやかにつながったりできるようになりました。

こうしたカフェフィロの精力的な活動のおかげで、哲学カフェは日本社会に着実に根づいていきました。

現在、哲学カフェは、学校での哲学対話教育と同じく、全国各地に急速に広がっています。試みに、全国の哲学カフェ情報をまとめたウェブサイト「**哲学カフェ・哲学対話ガイド**」にアクセスしてみると、(2019年5月現在)約140の哲学カフェが紹介されています。

私が初めて哲学カフェという言葉を耳にして、物は試しと参加してみたのは2008年頃のことですが、そのときにはまさか哲学カフェが国内でこれほどまで知名度を上げて一般的なものになるとはまったく予想しませんでした。

そのとき足を運んだのは、カフェフィロのメンバーが主催する、現在も東京・神保町の喫茶店で毎月おこなわれている老舗《しにせ》の「**哲学カフェ @Café Klein Blue**」でしたが、参加者は主催者を含めても総勢4〜5名くらいしかおらず、コーヒーミルのけたたましい作動音にしばしば会話を中断させられながら、喫茶店の片隅で肩身狭く哲学対話をしたことをよく覚えています。

日本の哲学カフェの黎明《れいめい》期ともいえるその時代を知る一人としては、現在の国内の哲学カフェを取り巻く状況は、まさに隔世の感です。

●「哲学を、あらゆる一般の市民に取り戻す」

話をパリに戻します。

カフェ・デ・ファールでの哲学討論会に集った市民たちは、年齢や性別だけでなく、職業や社会的立場も極めて多様でした。

そうした市民たちを前にして、ソーテは、哲学を一部の知的エリートのものだけにするのではなく、あらゆる人に対等にひらかれたものにしようと考えました。

その結果ソーテは、フランスの哲学アカデミズムからは大いに敵視されてたくさんの苦労をするのですが、それはさておき、ソーテはこのような考えを背景にして、自分の哲学カフェでは哲学に関する教養の有無を不問に付して、どんな人でも参加できる仕方で哲学カフェを運営しました。

現在でも、とくに日本の哲学カフェでは、「**哲学の専門知識はいりません**」という看板が掲げられることが多いですが、ここには、「哲学を一部の専門家や知的エリートといった特別な人の手から、あらゆる一般の市民に取り戻す」というソーテの思想が受け継がれているように感じられます。

また、ソーテの哲学カフェは、参加者同士でお互いの考えを語りあうだけでなく、ソーテが問いを投げかけ、それをめぐって参加者とソーテが「問答《もんどう》」する場面もあったようです。

おそらくソーテは、ソクラテスがおこなった問答の方法をある程度、念頭に置いていて、参加者に対して哲学者が問いかけることで、参加者が自明に受け入れている信念を揺さぶり、参加者自身が自らのうちに知を産み落とす手助けをしようとしていたのではないかと思います（ソーテはそれを、哲学カフェにおける「哲学の専門家」としての哲学者の役割だと考えていたのかもしれません）。

そうしたこともあって、海外でしばしば、哲学カフェは「ソクラテスのカフェ」と呼ばれたりもします。ただ、私の哲学カフェ参加経験からすると、このような問答スタイルの哲学対話の進め方は、現在の日本の哲学カフェではあまり主流でないように思われます。

●初対面でも自己紹介せず対話が始まる

哲学カフェは日本各地に大きく広がっていると述べましたが、それぞれの哲学カフェごとにさまざまな個性があって、本当に多種多様です。

運営者の考えや「哲学」に対する捉え方によって、カフェの個性が作られていきます。また同時に、集まる参加者によってそのカフェの「色」が作り出されるという側面もあります。「カフェ」と銘打っていますが、実際には、公民館や大学の教室、レンタルスペースなど、喫茶店以外で開催されることも多いです（その場合でもたいていは、飲み物を片手に対話できるような配慮がなされていますが）。

比較的多くの哲学カフェに共通するのは、次の3つです（ちなみに、カフェ・デ・ファールでおこなわれたソーテの哲学カフェでもそうだったようです）が、これも絶対ではありません。

①参加費や会費を取らない（飲み物代や会場費などの実費は除きます）
②参加者同士の自己紹介はしないまま始める
③途中での入退室は自由である

自己紹介をしないまま始める哲学カフェが多いのは、自己紹介をするとお互いに相手の立場や社会的な属性がわかるので、自由な発言がしづらくなるからです。たとえば、目の前に座っている人が経済学の大学教授であると知ったら、その人に向かって経済についての意見を自由に言うのは、やはりはばかられてしまうでしょう。

哲学カフェの運営者も多種多様です。哲学の研究者が主催する哲学カフェもありますし、哲学を専門的に学んだことのないビジネスパーソンや主婦が運営する哲学カフェもあります。

参加者やトピックを限定する哲学カフェもあります。たとえば、育児中の女性だけでおこなう哲学カフェや、性やジェンダーの問題について語りあう哲学カフェなどです。

読書会形式の哲学カフェもあれば、みんなで映画を観た後に作品について哲学対話する「シネマ哲学カフェ」もあります。大学生がサークルを作って哲学対話を楽しんでいることもあります。

興味のある方は、「カフェフィロ」や「哲学カフェ・哲学対話ガイド」のウェブサイトにぜひアクセスして、気になる哲学カフェを見つけて足を運んでみてください！

5.2 哲学する大人たち——ある日の哲学カフェ風景

●「給料と休日、どっちが大事？」について丸2時間、考えあう

ところで、いったい大人たちは、わざわざ休日に集まって、どんなふうに哲学対話を楽しんでいるのでしょうか？　ある日の哲学カフェの様子を、ちょっと覗いてみましょう。

夏のある土曜日の午後。東京・中目黒のとある喫茶店に、15人の男女が集まりました。そばを流れる目黒川沿いの遊歩道では、梅雨明けの気持ちのよい天気に誘われて、カップルや子ども連れが思い思いにそれぞれの週末を楽しんでいます。そんな中、せっかくの夏晴れにも背を向けて喫茶店に集まった集団は、受付をすませると、めいめい好きな飲み物を注文して、哲学対話の開始を静かに待っています。

この日開催されるのは、「**さろん**」という団体が月に一度ひらいている会「さろん哲学」です。さろんは、2010年9月に立ち上げられた、首都圏では老舗《しにせ》にあたる団体の一つ。都内の喫

茶店を貸し切ったり会議スペースを借りたりして、哲学カフェをひらいています。

参加者の年齢や性別はバラバラですが、ビジネスパーソンの割合がやや高めなことが、この哲学カフェの特徴かもしれません。顔ぶれも基本的には毎回バラバラで、この日は常連さんもいれば、初参加の人もちらほらと混じっていました。

テーマは毎回異なり、今回は「**給料と休日、どっちが大事?**」です。事前にさろんのウェブサイトで告知されていて、このテーマそのものに興味があって参加した人もいるようでした。


進行役は、さろんのスタッフの一人。開始時刻の15時になると、「じゃあ、時間がきたので始めます」と声をかけ、今回のテーマの背景(なぜ、このお題に決めたのか)を簡単に説明します。進行役は自身がスタッフであること以外、年齢も職業もとくに明かさず、各参加者の自己紹介タイムもありません。

そして進行役が「**何か考えてきたことがある人は、ご意見をお願いします**」と声をかけて、対話が静かにスタートしました。


対話が始まってしばらくの間は、やや戸惑うような、「どちらか一方には決められないよ……」

「さろん哲学」に集い、対話する人たち（写真は別日に撮影）

といった発言が続きました。休日がたくさんあってもお金がなければ何もできないし、お金がたくさんあっても休日がなければ使えないし……「やっぱりバランスが大事」といった意見が相次ぎます。

そんななかで、ある参加者から、

「気づいたんですけど、『その人にどのくらいの蓄えがあるか』で判断は変わっちゃうと思います。貯金に余裕のある人なら、休日に価値を置けるけど、**日々の生活に困っていて〝必要最低限のお金〟もない人は、そんなことを言っていられない。**休みが増えたところで、お金がなくて家でゴロゴロするしかできない人もいると思います」という意見が出ます。

すると、それを受けて、別の参加者から、

「やりたいことをやるためにはお金が必要という意見がありましたけど、仕事に忙殺されてあまりにも消耗しちゃうと、いろんなことを考えられなくなると思うんですよ。**楽しいこと、自分が本当にやりたいことをゆっくり考えるためにも、休みは必要！**　と私は思います。身体を休めるだけじゃなく、心も休める。それはお金を出しても買えません」という意見が出ました。

しばらくすると、さらに別の参加者から次のような意見も。

「**そもそも、自分のやりたいことのためにお金を使えるのは、若い頃だけなんじゃないですか？**

私も20代の頃は、日産《にっさん》のフェアレディZがほしくて、もう、食うものも食わずに貯金していました。買えたときにはうれしくて、うれしくて。でも、ある程度の年齢からは、家を買ったり、子どもの学費や両親の介護費用を払ったり、他人のためにお金を使っています。〝必要なお金〟も〝やりたいことをするためのお金〟も、自分にとってのものばかりではありません」

こうしたやり取りを交わすなかで、そもそも〝必要最低限のお金〟も、その人の価値観によって変わるのではないか、という意見が出始めました。

「〝必要なお金〟には、2つの意味があると私は思います。命をつなぐのに必要なお金という意味と、自分らしく生きるために必要なお金という意味です。後者で考えると、**その人のこれまでの生き方や価値観とかで、金額は大きく変わってきます。**他人にとってはぜいたくな使い方に見えることが、本人にとっては〝必要なお金〟であることはありうるんじゃないかな」

「私にとっては、**ずっと続けてきたダンスのレッスンを今後も継続することは、ぜひとも必要なこと**です。レッスン代が月2〜3万円で、生活費の少なくない部分を占めてるんですけど、それはもはや趣味ではなくて、生きるうえで必要なこと。食べるのと同じで、生活の一部です。だから、そのために必要なお金は、私にとっては〝必要最低限のお金〟です」

●お金たくさんほしい派、そんなにほしくない派

対話がこのあたりまで進んだタイミングで、進行役が参加者全員に問いを投げかけました。

「休みのことはいったん忘れて、お金についてだけ考えてみましょう。**みなさん、お金はたくさんほしいですか？　お金がたくさんほしいのは、なぜなんでしょう？**」

この問いかけを受けて、参加者からさまざまな考えが吹き出します。

「私は、お金は、**ただ漠然とほしい**です。たくさんあるなら、あるだけほしい」

「**お金があると、不安が減る**と思います。たとえば将来の不安とか。最近は銀行の人に、『老後は夫婦2人、20年間で最低8000万円ないとダメ』とか言われていて、もう不安でしょうがないですよ……『あなたは足りないから投資しなさい』って言われて」

「私は**お金がたくさんあるほうが不安**です。昔、近所で資産家が殺される事件があったから。お金がたくさんあればあるほど、**心配の種《たね》が増える**と思うんです。たとえば『株価が暴落したらどうしよう』とか」

「私はいまの話にすごく共感するというか……。子どもの頃に親から『自分が管理できないような身の丈に合わない規模のお金は持つな』という教育を受けていて、その影響がいまでも残っています。だから、もし、**たとえば『10億円あげる』と言われても、いりません**」

「ちょっと思ったのは、食べ物はもらいすぎると食べきれないけど、**お金はどれだけあっても困ることはないじゃないですか**。使いたければ使ってしまえばいいし、使い道がなければとりあえず貯めておけばいい。お金がたくさん手に入れば、これまでできなかったことを、他人の力を借りて成し遂げられる。言葉にすると……**将来の〝可能性〟**っていうのかな、それもお金の形で蓄えておけるんです」

「いまほしいものや利用したいサービスがとくになくても、とりあえずお金さえあれば、お金はその先で何にでも化けることができます。化ける先は、あとでゆっくり考えて決められる。そういうものをとりあえず持っておくのは、いいことのような気がします」

「僕は……子どもの頃から思ってたんですけど、**お札っていう名の〝紙切れ〟を貯め込むことで僕たちの将来がいろいろと変わってくることに、強い違和感**があります。それが世の中の基本になっていることはわかる。でも、そのことをみんながあたりまえに受け入れていることが、はっきり言って不気味だなって」

なんでお金がほしいのかを考えることで、お金のさまざまな側面――「お金は人々の不安を減らすこともあるし、増やすこともある」「お金は人の将来の可能性を広げることもあるし、人生を台無しにすることもある」「お金は何かと交換することで初めて意味をもつけれど、お金の形のまま貯めることで交換時期を先送りすることもできる」など――が少しずつあらわになり、参加者の間で共有されました。

●なんでお金ほしいんだろう？

そして、そこから対話は、「お金」「労働」「社会」の三者の関係を問い直す方向へと、自然に動いていきました。

「私も少し前までは、お金はぜいたくのために必要だからたくさんあったほうがいいって程度のイメージしかなかったんですけど、最近は、**お金を通して個人から社会にコンタクトを取る、**

って考え方もあるなあと思うようになったんです。社会に対して労働力を提供して、その対価として社会からお金をもらっている、みたいな。だとすると、個人である私は、お金を通して社会とつながってるんじゃないかな、って思います」

「**労働は、自分と社会とのつながりを自覚するものだと思います。**働いて、お金を稼いで、税金を納める。この一連のプロセスを通して、自分も社会の一員だと自覚できるのではないかと」

「『ベーシックインカム』という考え方が一昔前にありましたけど、僕はあくまでも『労働の対価としてお金を得る』ことにこだわって考えたいです。『毎日が休日で、働いていないけどお金だけはある』といった境遇に身を置いたとしても、僕はたぶんそれには耐えられなくて働くと思う。**お金うんぬん以前に、働くことはそれ自体に価値があると思う**し、人間には働きたいという根源的な欲求があるんじゃないでしょうか」

どうやら、論点をお金にしぼってじっくり考え、対話した結果、参加者たちの思考はぐるりと一周して、最初の問いの地点に立ち戻ってきたようです。

●休日を仕事のスキルアップに使う、という違和感

お金も休みもどっちも大事なら、両方ともあれば最高に幸せのように思えるけど、毎日が休みで働かずにお金をもらっても、私たちは幸せになれない。なぜなら、働くことは、単にお金を得る手段というだけでなく、私たちを社会的な存在に変える役割も担《にな》っているのだから。

私たちは仕事を通して他者や社会と関わり、評価されることで、初めて幸せになる。もしかするとお金は、他者や社会からの評価を目に見える形で表す、一つのあり方かもしれない。でもそうだとしても、健康な身体で健全に働くためには、やっぱり休みも必要だよね。

……と、こうして終盤には、「休日を仕事のために使うことの是非」について考えることになりました。

きっかけになったのは、ある男性の参加者の次のような発言。

「**休日だからといって、完全に何もしないとはかぎらないですよね。**休日にしかできない雑務だってあると思うんです。たとえば、保育園の申請書を書くとか、役所に行くとか、たまった洗濯物を片づけるとか。そうやって休日がつぶれることもあると思うんですが……」

続けてこの男性は、休日のの使い方への違和感を表明します。

「それとは別に、仕事のスキルアップのために英会話に行くとか、ＭＢＡを取るとか、そういう休日の使い方をしている人もいると思うんです。別にそれを否定しているわけではないんですけど、**休日をそんなに仕事の側に寄せた使い方をするのって、なんか少し違和感があるんですよね。**もっと自分が本当にしたいことをすればいいのに、って」

この発言に対して、進行役は、

「休日にとくにやりたいことがない人にとっては、とりあえず将来のために資格を取っておく、といった休日の使い方もありなんじゃないですか」と問いかけました。

それを受けて、男性は次のように返します。

「それの根っこは、漠然と将来が不安だからとりあえず3000万円貯めておこうとかいうのと同じだと思うんです。でも、なんとなく僕は、お金を貯めることは許せるんだけど、**休日をそんなふうに使うことには抵抗感があるん**ですよ。なんでなんだろうな」

男性のこの問いかけを受けて、別の参加者の女性が次のように発言します。

「（いまの発言と）一緒かはわからないんですけど……私も、『働きづめ』みたいなことにちょっと抵抗を感じるな、って思っていて。理由としては、**『働く』という一方向のものに対して拮《きっ》抗《こう》するものがない、それって人間のバランスとしてどうなのかな**、と思う部分があって。

働くことって、自分を組織の方向とか社会の流れとかと一体化させねばならない、ってところがある。そんななかで、休日は唯一、自分を社会の方向からずらして、自分のことを反省する時間をもてる日だと思うんです。

そう考えると、休日を仕事に準ずることのために使ったら、**自分が社会っていうものに埋もれて、社会と自分っていうものとの境目がなくなってしまう。**本当の『自分らしさ』を見失って、社会にいる人こそが自分だと思って、どんどん流されていってしまうような気がするんです」

この意見に対しても、さらに別の参加者から、

「仕事のために自分を高めることが自分の楽しみと一致する人の場合はどうなるのか（たとえ

ば、もともと英会話が大好きな人が、仕事でも英語を使うので休日に英会話学校に通っている場合など）」という反応が返ってきたりしましたが、残念ながらこのあたりで時間切れ。

終了間際、進行役が「あと残り10分ほどですが、何か言い足りない人はいますか？」と声をかけると参加者3人から同時に手が挙がり、発言の順番待ちをするほどに対話は盛り上がったのでした。

●終了時刻になれば、そこで終わり！

「はい。じゃあ、どうもありがとうございました」

進行役はそう言って、とくに対話の全体をまとめることもなく、会を閉じました。

参加者たちにとってはあっという間でしたが、気がつけば開始から2時間が経過。夏とはいえ、喫茶店の外に出ると太陽はだいぶ傾いていて、参加者たちはオレンジ色の光に照らされながら、それぞれ家路につきました。

5.3 大人たちはなぜ哲学カフェに集《つど》うのか

●哲学カフェに惹《ひ》かれる理由――「さろん」の例

前節で紹介した「さろん」は、スタッフの多くがビジネスパーソンです。哲学の専門家は運営サイドには一人もいません。哲学や対話が大好きな社会人たちが、忙しい本業の合間を縫って集まって、完全に「趣味」「遊び」の一つとして――まさに昔のサロンのように――会を運営しているのが特徴です。

スタッフは現在4名で、哲学カフェだけでなく、月一度の読書会や不定期開催のワークショップも運営しています。メールニュースを月2回発行し、自分たち以外の哲学カフェ情報も発信したり、スタッフが書いたエッセイを掲載したりしています。

スタッフはこうした活動をほぼ無償でおこなっていますが、とにかく自分たちが楽しくて活動しているので、「ボランティア団体」ではなく「社会人サークル」という呼び方がいちばんしっくりくる団体です。草野球の試合では、いい年をした大人たちがバットやボールを手にグラウンドを走り回っていますが、さろんのスタッフや参加者たちもそれと同じように、休日に哲学という「知的遊具」を手にして、好きな者同士で集まって心ゆくまで思考と対話を楽しんでいるのです。「あたまのピクニック」――これは、さろんが自ら掲げているキャッチフレーズです。さろんの活動をこれほどぴったり言い表している表現は、ほかにはないでしょう。

では、このようなキャッチフレーズに惹かれ、週末のひとときで哲学カフェに集うのは、いったいどんな人たちなのでしょうか。彼ら・彼女らは、どんなきっかけで哲学カフェを知り、どんなことを求めているのでしょうか。参加者のうち男女4人が、次のように語ってくれました。

Uさん（50代・会社員・男性）――**「哲学カフェは家族とのコミュニケーションにも役立つ」**

もともと哲学に興味があり、哲学エッセイスト・池田晶子さんの大ファンだったというUさん。哲学カフェを最初に知ったきっかけは、日経新聞の記事でした。

さっそく、自由が丘で開催されていた、ある団体の哲学カフェに参加。その日のテーマは「自分らしさとは何か？」で、18歳の学生から70代の人まで一緒になって語りあったことが「非常に新鮮だった」といいます。以来、半年で首都圏の哲学カフェ10箇所ほどに参加したそうです。

Uさんにとって哲学カフェの魅力は、「さまざまな年齢の人たちの異なる意見を知れること」。いろいろな考えを聞いて、「きっと家族もこんなふうに思っているんだな」と推測できる。だから、Uさんによれば、哲学カフェは家族とのコミュニケーションにも役立つのだそうです。

「私には20代の娘が2人、10代の息子が1人います。なので、働いて2~3年の人が（哲学カフェで）しゃべっていると、『ああ、娘もああ思っているんだな』ってなんとなくわかります。娘には恥ずかしくて直接聞けないけど。女房の世代の人がしゃべっていると、『ああ、女房もたぶん裏ではこう思っているんだな』ってわかるし、いろんなところで理解度が高まるというかね」

Oさん（**会社員・女性**）――「**いろんな考え方に気軽に出会えることが魅力**」

本を読むことが好きなOさんは、複数の社会人サークルの読書会に通っています。各自が事前に課題図書を読んでおき、みんなで集まって感想などを話すそうです。読書会は楽しい一方で、課題図書を何冊も読むには時間がかかります。「本を読まなくても参加でき、みんなで対話できる場はないか」と探していた時期に出会ったのが、哲学カフェでした。

Oさんにとって哲学カフェの魅力は、人によって異なるいろいろな考え方に、気軽に出会えること。「私は、昔の人がどう考えていたとか、偉い人がこういう考えをもっているとかは、ほぼ興味がないんです。哲学の特別な専門用語とかも全然知らないし。たぶん、同じことでもいろんな考え方があるんだなっていうのが、自分にとっては楽しく、おもしろいんだと思います」

Aさん（**20代・アルバイト・男性**）――「**純粋に人と人との対話を楽しめる場**」

工学系の大学に進学し、電気自動車などを作るサークルに所属していたAさん。大学生活がうまくいかなかった時期に、あらためて「自分のやりたいことってなんだろう」と問い直したことがきっかけで、哲学に出会ったのだそうです。

Aさんにとって、哲学カフェのいちばんの魅力は、さまざまな立場や境遇を背負った人たちが鎧《よろい》を脱いで、対等に語りあえること。

「哲学カフェでは、純粋に人と人との対話を楽しめます。その感じがおもしろいですし、貴重だと思うんですよね。ふだん暮らしている場面では、だいたい年齢とか境遇とかも似通ってきちゃうんで。一つのテーマで話しあうこと自体がとてもおもしろいなと思います」

Yさん（**30代・会社員・女性**）――「**自分の考え方が変わるほうが、意味があるのかも**」

美術が趣味のYさんは、大学の美術部のようなノリで集まれる社会人サークルはないか、探していました。残念ながらピンとくる場には出会えなかったものの、代わりに「哲学カフェという集いがかなり盛んにおこなわれている」ことを知り、もともと哲学にも興味があったので、足を運んでみたそうです。ちなみに、初めての哲学カフェにさろんを選んだ理由は、「ウェブサイトがかわいらしくて小ぎれいで、参加しやすそうな雰囲気だったから」。

Yさんが、仕事と関係ない場を求めるのは、「人間関係や行動範囲を狭めたくないから」といいます。「やっぱり仕事だけだと、会う人もかぎられるし。かといって、昔の友達とばっかり遊んでいる感じでもなくなってきて。ちょっと休日に参加できるものがあるといいのかなって」

その後、Yさんは複数の哲学カフェに通いだし、少しずつおもしろさに惹かれていきました。当初は、考えを「聞きたい」に対して「言いたい」が8割だったそうですが、いまでは5割くらいに減ったそうです。その変化について、Yさんは次のように語ってくれました。

「なんか、人の意見を聞いて自分の考え方がちょっと変わったりするほうが、みんなでやる意味があるのかなって。一人で考えるんじゃなくて、みんなで考えている意味がある」

また、ちょっと抽象的で大上段の問いについて身近な人と話そうとすると、たいていは「ウザい」と逃げられてしまう。でも、哲学カフェはそういうことを語りあいたい人がわざわざ集まる場なので、心ゆくまで考え抜ける。これも魅力です。——Yさんはそう話してくれました。

●「大人になりきれない大人たち」のための貴重な場

Yさんの声にもあるように、哲学カフェ参加者の多くは、「こんな会話は、家族や同僚とは絶対できない！」としばしば口にします。ちょっと真面目でお堅いテーマや、世間への違和感などについて真剣に考えることは、「青臭い」「子どもっぽい」と敬遠されがちなのです。

このため、日々のもやもやをため込んだ人にとって、哲学カフェは「格好の居場所」になることもあります。

前章で私は、哲学対話は学校のなかに脱学校的な「アジール」を作り出す、と論じました。これと同じことが、哲学カフェにも言えるのではないか、と私は考えます。「世間の常識」「社会人としての規範」にいまひとつ乗れない「大人になりきれない大人たち」にとって、哲学カフェは貴重な場です。

街角にこのようなアジールがあることで、世間的な価値観や常識を、しばし相対化できる。他者の目を気にすることなく、自分自身の違和感とじっくり向き合える。みんなで静かに語りあい、真面目に検討できる。それは、大人たちにとって、なによりもの癒しになるのです。

もちろん、アジール作りを目的として哲学カフェが営まれているわけではありません。しかし、ただただ考えることだけを楽しむ場であるからこそ、それが結果的に、ある種の人たちに対して「ほかの場にはない安心感や居心地のよさ」を与えることはある、と私は考えています。

column

【黙ったままでも、途中で帰ってもOK】

哲学カフェの魅力は、まさに「百聞は一見にしかず」。ぜひ実際に足を運んでほしいところですが、ちょっと尻込みする気持ちもわかります。「気難しそうな人がたくさんいて説教されるのでは？」「他人の考えを押しつけられるのでは？」「黙っていると、白い目で見られるのでは？」――参加前は多かれ少なかれ、そんな不安を抱くようです。

先述した「さろん」に直接、質問をぶつけてみたところ、こんな回答がありました。

「（すべての哲学カフェに共通するルールではないかもしれませんが）少なくともさろんでは、**指名して発言を求めることはない。ずっと黙っていてもいい。嫌なら途中で退出してもいい**。この3つを守っています。また、哲学は本来、『共同探究』なので、一方的に誰かの考えを押しつけることはありません。哲学は、自分のなかにあるものを引き出す活動。私たち自身も、自分の考えを伝えあい、一緒に考えることが楽しいからこそ、哲学カフェという場を楽しめているんだと思います」

第6章

すぐ実践できる！哲学対話の5ステップ

6.1 哲学対話の場のひらき方

●初めて哲学対話をおこなう人へ

世界の子どもたちが学んでいる「哲学対話の授業」と、大人たちが休日に街角で楽しんでいる「哲学カフェ」――この2つはどちらも、一つの問いをめぐってお互いの意見や疑問を伝えあい、相手の言葉に耳を傾けながらゆっくり・じっくり考えを深めていくことを軸にした活動です。

哲学対話という言葉はいかにも大げさに響きますが、要するに、**一人で孤独に思索する代わりにみんなで協力しあって考えていきましょう**というだけのことですから、とくにあらたまって気負う必要はありません。

一方で、ただただ考えるためだけにほかの人と対話するというシンプルな活動をおこなってみるだけで、どんな人でも（学問や研究活動に専門的に取り組んだ経験のない人でも）一人ではなかなか到達できない地点まで、「**ほかの人の力を借りて**」**自分の考えが掘り下げられていく感触**を手軽に味わえます。
哲学対話をすることで、考えが少しずつ深まるときの独特の楽しさ、知的興奮を身体で感じることができ、そういう体験を積み重ねるなかで、物事を粘り強く思考するためのスキルや態度が楽しみながら自然に身についていくのです。

では、哲学対話をおこなうには、具体的にどうすればいいのでしょうか。

「私も哲学対話の場をひらいてみたい！」「自分のクラスでも子どもたちと一緒に哲学対話をしてみたい！」と思う方も、少なからずいらっしゃるでしょう。

そこで最終章では、哲学対話の場をひらく手順を具体的に紹介します。

教室であれ哲学カフェであれ、初めて哲学対話をおこなう人で、どうすればいいかまったくわからない人には、ひとまず以下の5つのステップを順番におこなってみることをお勧めします。

●ステップ1：参加者同士が顔を見合える体勢で座る

哲学対話を始める際には、まず参加者同士がお互いの顔を見合える体勢で座ります。喫茶店では、お店のテーブルや座席のレイアウトにもよるのでこのような体勢を取りづらい場合もありますが、なるべくお互い顔が見通せるように工夫して席に着きます。

学校の教室や会議室のような場では、基本的には机を取り払って椅子だけでサークルを作り、進行役も含めて全員が手ぶらで着席します（ジャック・プレヴェール幼稚園のように小さい子どもたちとおこなうときには、地べたに直接座ってサークルを作ってもいいでしょう）。

なお、教室でサークルを作るときは、机を教室の前後左右に分散して寄せることがポイントです。机を教室の一方向（たとえば後方）に固めて寄せてしまうと、長方形のスペースに椅子を並べて楕円《だえん》形を作ることになってしまいます。楕円形だと、顔を見合うことが難しくなるので、教室の中央に、なるべく真円に近いサークルを作りましょう。

進行役も含めた参加者全員が顔を見合えるように座ることには、2つの意味があります。

第1の意味は、発言者がどんな表情で話しているかを見られるようにすることです。

私たちは、相手の話を理解するために、ふだんから耳だけでなく目も使っています。相手の言葉を聞くだけでなく、表情や話し方を目で見ることで、私たちは直接見ることのできない相手の心のなかを少しでも正確に理解できるようになるのです。

また、哲学対話では、お互いの発言にリアクションを取りあいながら考えを前に進める場面が多くあります。たとえば、Aさんの考えに対してBさんが共感、反発、質問などをすることで、思考が前に進んでいきます。このとき、Aさんには見えないところからBさんの声だけが飛んできて、Aさんの発言についてあれこれ言われたら、Aさんが反射的に不安感や恐怖感を抱いてしまうのも無理からぬことです。

参加者同士がお互いの意見を参考にしあって考えていくからこそ、安心して話せるように、いつでも顔を見合える体勢を整えておくことが大切なのです。

お互いの顔が見合えるように座ることの第2の意味は、哲学対話において問いの前ではあらゆる人が対等な思考者であると、常に思い出せるようにすることです。

これまでも述べたように、哲学的な問いのほとんどは、多くの人が納得する一つの答えを見つけることが極めて難しい問いです。これは、進行役や教師であっても同じことであり、だからこそ進行役は、参加者と一緒に対話して、本当の答え（真理）を見出そうと真剣に考えを進めていくのです。

しかし、たとえばふつうの授業のように、進行役や教師が一人だけ前に立って話したりしたら、参加者は「この人は問いの答えを本当は知っているのではないか」とか、「この人が答えに向けて私たちの思考をナビゲートしてくれるのではないか（だから自分たちは、この人の進行にただついていけばいいのではないか）」と、直感的に思い込んでしまうかもしれません。

このことを防ぐためにも、進行役が参加者と同じ体勢で対話に参加することが重要なのです。

このため、たとえば教室でおこなう場合には、教師は単にサークルに入るのではなくて、あえて黒板から離れた位置に座るといった工夫をすることも考えられます。

column

【哲学対話にいちばん適した人数は？】

しばしば、「みんなで哲学対話をするのに適正な人数は、どのくらいですか」と聞かれます。人数が少なすぎると、シェアできる他者の経験や考えの多様性が減るので考えを深めづらくなり、人数が多すぎると、発言の機会が減ったり発言しづらくなったりして十分に参加できたという感覚をもちにくくなります。

私の経験から言えば、**15〜20名くらいが思考を深めていくのに最も適した人数**だと思いますが、少なくとも最初のうちは進行役が必要不可欠なので、人数がどれだけ多くても一つのサークルになって対話する時間を（少なくとも部分的には）設けたほうがよいです。

哲学対話を何度も体験した参加者がいる場合には、そうした人に進行役を依頼し、複数のグループに分かれて哲学対話をおこなうこともできます。

教室でおこなう場合には、大勢の前で発言するのが苦手な子どもに配慮し、最初は近くの子どもたち同士のミニグループで対話する時間を設けて、時間がきたら各グループの意見を全体にシェアし、その後にクラス全体で哲学対話するという流れも有効です。

なお、子どもの場合、仲よし同士で近くに座ると、どうしても考えること以外に気が散ってしまいがちです。このため、たとえば着席のときに誕生日順に並んで座る「バースデー・チェーン」のような**アイスブレイク**（**緊張をほぐすための手法**）を挟むことで、友達同士が近くの席にならないように自然に促すことも有効な手段です。

●ステップ2：思考の素材をシェアする

参加者全員が着席したら、いよいよ哲学対話のスタートです。

とくに教室では、対話の前にゆっくり考える雰囲気を作り出すために、哲学対話向けのアイスブレイクをいくつかおこなうこともあります。「**質問ゲーム**」（例：「幸せを感じるのはどんなとき？」といった質問に1人が答え、ほかの人がその人にさまざまな質問をする。答えた人がなぜそのように考えているのかをみんなで明らかにしていく）や「**Yes／Noゲーム**」（例：「私の好きな食べ物はどれ？　Yes／Noで答えられる質問をみんなでして当ててみて」「それは肉料理ですか？」「Yes！」「それはコンビニで売っていますか？」「No！」としぼっていく。詳しい例は『Q～こどものための哲学～』のウェブサイト参照）など。

ただし、必須ではありません。アイスブレイクが盛り上がりすぎると、かえって気が散ってしまって静かに考える雰囲気が乱される場合もあるので注意しましょう。

参加者が哲学対話に慣れていないうちは、そもそも何を考えればいいかわからずに戸惑ってしまうことも多くあります。

そこで、とくに教室では、**絵本や映像資料などを思考の素材として全員でシェアする**というやり方がよく用いられます。みんなで作品を鑑賞して、子どもたちの心に自然に湧《わ》き上がってきた不思議、疑問、違和感を「問い」（疑問文）の形にまとめ、それを手がかりにして思考を始めるのです。

思考の素材になるものは、もちろん絵本や映像資料にかぎりません。写真、音楽、絵や彫刻のようなアート作品、童話や小説、詩など、参加者の頭と心が刺激されて思わず考えたくなる内容のものであれば、どんなものでも用いることができます。

たとえば「道徳科」の教科書に収録されている教材や、国語などの教科の教材や授業内容も思考の素材にできます。あるいは、遠足や文化祭といった学校行事での子どもたちの体験そのものを思考の素材にして、そこから「問い」を考えていくこともできます。

最近はＮＨＫ・Ｅテレで、小中学生向けの哲学の番組『Ｑ〜こどものための哲学〜』や、同じく小中学生を対象にした「考え、議論する道徳」のための番組『ココロ部！』があるので、こうした学校放送も思考の素材にできます。

ただし、思考の素材は、あくまでも参加者の好奇心を刺激して、自発的で自由な思考を促すものでなければなりません。

◎映画

◎アート作品

◎映像資料

◎絵本

…etc.

頭と心を刺激するなら、どんなものでも「思考の材料」に！

したがって、たとえばいわゆる「訓話」のような、落とし所や結論が透けて見える「単なるよい話」や「道徳的なお説教」は、哲学対話の思考の素材に適していません。

とくに学校の授業でこのような教材を繰り返し使うと、子どもたちは先生の気持ちを忖度して、「先生がもっていきたい結論」「道徳的に正しい優等生的な意見」を探して発言しようとします。そうすれば先生から褒められると子どもたちは思っているからです。これでは、物事をあらゆる制約なしに自由にゆっくり考えようという哲学対話の精神とは正反対の空間が作られてしまいます。

一方で、**ちょっと不思議で哲学的なアイデアがちりばめられた作品**を鑑賞すると、いつもとは違う脳の部位が刺激されて、ふだんはあまり考えないことにも思考が勝手に向いていきます。思いもよらなかった方向へ思考がどんどん広がるような作品は、考えることを楽しむ哲学対話の素材としてぴったりです。

また、道徳的なテーマを扱った素材でも、いくつかの価値観の間でジレンマに陥ったり、状況によってなすべき判断が変わったりするような内容のものであれば、道徳的問題について決まりきった仕方で考えることから解き放たれて、自由に思考するきっかけになりえます。

このように、思考の素材の選び方にもコツがあり、初めて哲学対話をおこなう人にとっては少し難しく感じられるかもしれません。私自身のお気に入りは、ヨシタケシンスケが制作した絵本などですが、より詳しくはアーダコーダによる書籍『こども哲学ハンドブック』を参照してください。

column

【慣れてきたら、素材なしで問いを立てる方法も】

なお、参加者が哲学対話に慣れてきたら、思考の素材は使わず哲学対話をおこなえるようにもなります。その場合、進行役は、たとえば「死」「決まり」「学校」のようなテーマだけを参加者に示して、そこから参加者とともに問いを作ってもよいですし、参加者に直接フリーテーマで問いを立ててもらってもよいです。

何のテーマの制約もなしに、参加者がその場で自由に問いを立てて対話する哲学対話のやり方は、ハワイの実践者たちの言い方を借りて、しばしば「**プレーンバニラ**」と呼ばれます。あらゆるアイスクリームのなかで最もシンプルなのがプレーンのバニラアイスであり、その上にどんなトッピングでも加えられることから、「最もシンプルで哲学対話の中核だけを取り出したやり方」という意味が込められています。

●ステップ3：みんなで考える「問い」を作る

思考の素材をシェアして、それぞれの参加者のなかにさまざまな思いが浮かび上がってきたら、それを「問い」の形で表現するように促します。

「『問い』の形」とは、文字どおり疑問文ということ。**素材に触発されて心のなかに生まれたもやもやを、疑問文形式で**吐き出します。哲学対話では、参加者がこのように自分たち自身で問いを作るプロセスを重視します。

問いは思考を駆動します。答えの知らないなぞなぞを出されると、人は自然に考え込んでしまいますが、これはまさに、問いによって思考が自然に始まる例と言えるでしょう。

「考える」とは、目の前の「問い」に答えようとして、ああでもないこうでもないと頭をひねることです。つまり、「問い」は「考える」という行為のなかに含まれる不可欠の要素なのです。

とはいえ、つまらない問いや興味のない問いをいくら与えられても、思考は活性化しません。数学に興味のない人に、難しい数学の問題を与えても、その人は面倒くさがって考えようともしないでしょう。

逆に簡単すぎる問いや、適当に思いついた問い、本当は関心がないのに誰かに求められてしぶしぶ作った問いもダメ。そういう問いはたいてい私たちの脳味噌を動かしてはくれないので、新しい考えが自分のなかに次々と湧き上がってくるような体験はできないでしょう。

結局私たちは、**自分自身が心の底から驚いて、本当に不思議に感じた問い**でなければ、本気で考えてみる気にはなかなかならないのです。

このため、哲学対話では、誰かがあらかじめ作っておいた「出来合い」の問いを使うことを最初のうちはできるだけ避けて、**参加者自身がその場で問いから作る**ことが推奨されているのです。

しかしそうはいっても、多くの参加者の思考を駆動するような、哲学対話にふさわしい問いを作ることは、実際とても難しいです。

思考のプロフェッショナルである優れた哲学者は、みな例外なく、問い作りのプロフェッショナルでもあります。多くの人が漠然と抱く疑問を的確な表現で言い当てることがあり、また誰一人として問いが隠れていることに気づかなかった場所から問いを掘り出すこともあります。

逆に言えば、よい問いを作ることはそれほど難しく、思考の経験やセンスが要求されるものなのです。

そこで、哲学対話の場では、問いの「質」を「量」でカヴァーする戦略がしばしば採用されます。先ほど述べたことと一見矛盾するようですが、「下手な鉄砲も数撃ちゃ当たる！」の精神で、**まずは参加者にとにかくたくさん問いを出してもらう**のです。

問いがあらかた出尽くしたら、次のようなやり方で問いを整理します。

・似たような問いを一つにまとめる
・より多くの人が考えやすいように、問いを修正する
・問いを出した人の違和感や不思議さがより精確に伝わるように、表現を洗練させる

すると、その過程で、思考がさほど刺激されない問いは次第に除かれ、**多くの人が考えたいと思う問いが自然に残る**ようになります。それを繰り返すうちに、問い（その日のお題）がゆっくり一つに定まっていくのです。実際の場では、おもに時間の都合から、**ある程度整理したら多数決で決める**ことがほとんどです。機械的ですが、多数決で選ばれたということは、多くの人の好奇心が掻《か》き立てられたということですから、その場の参加者にとってはこれから対話して深めていくのにふさわしい問いとなるでしょう。

【哲学対話にふさわしい「よい問い」と、向いていない問い】

それにしても、考えるうえで「問いを作る」ことがこんなに大事であるにもかかわらず、学校で「よい問いの作り方」を教わった経験がある人はまずいません。また、ふだんから意識的に「よい問い」を立てるよう心がけている人もほとんどいないでしょう。なぜ学校ではこういう大事なことを教えないのかと、私は常日頃から疑問に思っています。

それはさておき、学校で教わってもおらず、社会に出てから習慣化されてもいないことを、いきなり上手にできるわけはありません。上手に問いを立てるための具体的な方法は、東京大学大学院教授で哲学者の梶谷真司が著書『考えるとはどういうことか』第3章でかなり詳しく説明しているので、ぜひそちらも参考にしてください。

ここではごく簡単に、哲学対話に「向いていない」問いの目安だけ示しておきます。哲学対話に向かないと明確に言えるのは、①「調べれば答えがわかる問い」と②「特定の知識がないと対話に参加できない問い」です。

①はたとえば、「アメリカでいちばん人口の多い州はどこか?」。これはスマホで検索すればすぐに正しい答えがわかる問いです（ちなみにカリフォルニア州）。調べさえすれば答えがわかるのですから、わざわざ議論しても何の意味もありません。

これに対して、たとえば「宇宙には正確にはいくつの銀河系があるのか？」という問いは、現在の人間の科学技術力の範囲内では誰も答えを出せません。しかし、この種の問いも、科学的な研究を積み重ね「調べて」答えを出すしかないので、基本的には議論しても仕方のない問いと言えます。

②の例は、「サッカーでシミュレーションを多用するのは、スポーツマンシップに反する行為か？」という問いです。もし参加者全員がサッカーに精通している場であれば、この問いで哲学対話をおこなうことは十分に可能ですし、「フェアプレイ」や「スポーツにおける目的」をめぐる興味深い哲学探究も期待できます。しかし、もし一人でもサッカーに詳しくない（たとえば「シミュレーション」がなんであるかを知らない）参加者がいたら、その人はこの場の哲学対話に最初から参加できなくなります。

こうしたことが起こらないように、**できるだけ特定の知識に依存しない、誰もが参加できる問いのほうが望ましい**と言えます。しかしもちろん、特定の知識が必要なテーマについて哲学対話するために、教師や進行役があらかじめ準備し全員に説明したうえでこの種の問いを投げかけるのであれば、まったく問題はありません（たとえば、第1章で紹介した授業「ゲノム編集はアリ？　ナシ？」を思い出してください）。

だいぶ長く説明しましたが、それでも初めは、どんな問いが哲学対話にふさわしいかわからない場合もあると思います。その際は、やはり「出来合い」の問いを参考にすることも有効です。あるいは、そうした問いのいくつかを参加者に示して選んでもらってもいいでしょう。

哲学対話の問いの例がまとまった、使い勝手のいい教材としては、オスカー・ブルニフィエらが制作した『**こども哲学**』**の絵本シリーズ**、ファビアン・ファンデルハムらが制作した『**てつがくおしゃべりカード**』、私自身がイラストレーターのイクタケマコトとともに制作した『**まいにち哲学カレンダー**』などがあります。

●ステップ4：「問い」をめぐって哲学対話する

問いが決まったら、ついに哲学対話です！　進行役が全体の司会をしながら、参加者全員で、問いをめぐってゆっくり・じっくり考えを深めていきます。

おそらく読者の多くは、進行役や教師はいったいどのように哲学対話を進めればいいのか、具体的な方法やコツを詳しく知りたいのではないかと思います。しかし残念ながら、ここで詳細な説明はできません。対話を通して「考えを深める」とは非常に複雑な行為であり、その際に気を配るべきことも問いや場の状況に依存する部分が大きいため、「こうすれば対話を哲学的に深められる」という一般的な方法を述べることはほぼ不可能だからです。

あえてコツらしきことを言うならば、非常に抽象的ですが、次のようになります。

まず**参加者の誰よりも進行役自身が問いの本当の答え**（**真理**）**を知りたいと思って一生懸命考える**こと。

次に、第1章で述べた「哲学対話の心得」（P51）を参加者にきちんと示し、**自分も含めた全員が「心得」に従って安心して考えられる空間に身を置けるように努める**こと。

ここでもう一度、「哲学対話の心得」をご参照ください。この「心得」を心に刻みつつ、**とにかく進行役自身も考えることを楽しみ、対話しながら思考に集中する経験を繰り返す**こと。

——哲学対話の進行法を身につけるには、これ以外の方法はないと私は思います。

また、実際の哲学対話の記録を読んで、自分が進行役（あるいは参加者）になったつもりであれこれ考えてみるのも、思考の練習という意味で役に立つと思います。本書で紹介した哲学対話の実録も活用してもらえたら幸いです。

【「たとえば？」「本当に？」質問のコツ】

心得③にある「質問する」について、少しだけ述べておきましょう。

ステップ3で詳しく述べたように、人の思考は「問われる」＝「質問される」ことで駆動します。このため、哲学対話の進行役にとっては、自分の意見を言ったり参加者の発言を促したりする以上に、**参加者に質問することで参加者自身の思考を動かす**ことが重要な役目になります（もっと言うと、進行役が質問するのではなく、参加者同士がお互いに気兼ねなく質問しあえる空間を作り出すことが、進行役の大切な役割ということになります）。

といっても、何か気の利いた立派な質問をしなければならないわけではありません。

むしろその逆で、素朴な質問を投げかけることが重要です。相手の話が抽象的でよくわからないときに「たとえば？」と質問して具体例を出してもらう。相手の主張の根拠がわからないときに「なんで？」と質問して理由を言ってもらう、など。

こうした質問を、ステップ2で紹介した

Qワードカードを使うと
質問しやすい

ＮＨＫ・Ｅテレ『Ｑ〜こどものための哲学〜』は「**Qワード**」と名づけ、「Ｑワードカード」という教材にまとめました。カードを使用することで、進行役や参加者がお互いに質問をしやすくなります。詳しくは、番組のウェブサイトを参照してください。

【コミュニティボールを使うメリット】

第1章でも述べたように、開智日本橋における哲学対話の授業では、コミュニティボールを使って哲学対話をおこないます。これは毛糸で作られた毛玉で、**話し手と聞き手を明確にする**ために使うものです。発言したい人は手を挙げ、コミュニティボールを受け取ってから話をします。

コミュニティボールを持っている人が「話せる人」で、それ以外は（教師や進行役も含めて）「聞く人」であると視覚ではっきりさせます。このことを通して、相手の話を聞く意識を養うことも期待されています（この意味で、コミュニティボールはやや「教育的な」道具です。実際に、コミュニティボールが使われるのは教室での哲学対話の場面であることが多く、哲学カフェではあまり使われていません）。

対話が詰まったときには、「話したくなければパスできる」と明確に示したうえで、サークル内でコミュニティボールを回しあうこともあります。
学校でおこなう哲学対話では、最初の授業でクラス全員でコミュニティボールを作ることもあります。作り方や使い方は、「p4c.japan」のウェブサイトを参照してください。

【大人数でおこなう、文字での対話】

大学の大教室での講義など、人数が極端に多い場で哲学対話をおこなうときは、口頭で対話をする代わりに、**「サイレント・ダイアローグ」**という方法を用いて書面で間接的に対話することもあります。
簡単に説明すると、匿名で書いたワークシートをお互いに回しあい、それぞれの意見に匿名でコ

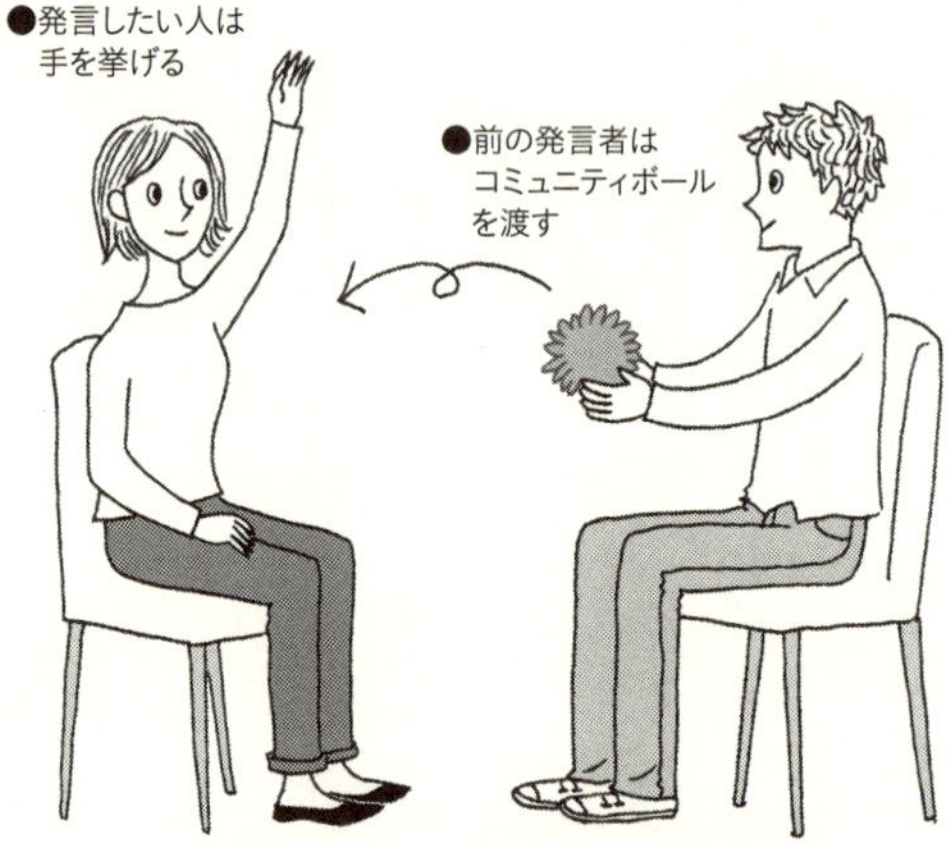

●発言したい人は手を挙げる
●前の発言者はコミュニティボールを渡す

メントを付けあうような形の対話です（ツイッターの匿名アカウントで、一つの問いをめぐってリプライを飛ばしあいながら議論するのに近いかもしれません）。詳しい方法は、『中学生からの対話する哲学教室』（P154～158）を参照してください。

●ステップ5：対話のふりかえりをおこなう

哲学対話では、対話のふりかえりは必須ではありません。時間切れで対話が終わり、参加者たちがもやもやしたまま解散したほうが、かえってその後も考え続けるきっかけになるので、あえてふりかえりをしない進行役もたくさんいます。

一方で、学校でおこなわれる哲学対話の授業では、「授業」という性格上、簡単なふりかえりをおこなう教員のほうが多数派です。

最も簡単なふりかえりは、その回の対話に自分がどう参加できたかを、いくつかの質問に答えて自己評価するというもの。私がよく使うのは、以下の3つの質問です。

①まわりの人の話をよく聞けましたか？

②安心して考えることに集中できましたか？

③問いについて新しい発見があったり、考えが深まったりしましたか？

3つの質問を上から順に投げかけて、自分は何％くらいできたかを、口頭で言ってもらったり、身体の動きで表してもらったり、紙に書いて提出してもらったりします。

また、とくに学校では、いろいろと考えをめぐらせながらも発言できなかった子どもをケアする意味も込め、終了時点での自分の考えをワークシートに書いてもらって対話のふりかえりにすることもあります。ワークシートを読むことで、対話では一言も発しなかった子どもが、頭のなかは非常にアクティブに回転していたと気づかされるのもよくあることです。

●哲学対話が「うまくいく」とは、どういうことか

さてここで、これまで述べたことを全部ひっくり返すような話もしなければなりません。ステップ4で強調したこととも重なりますが、哲学対話を上手に進める一般的な方法は、じつはまったく存在しないのです。

何度も繰り返し述べたように、哲学対話とは「考えることだけを目的として対話する」「お互いの話を聞きながらゆっくり・じっくり考える」ことでしかありません。したがって、哲学対話を進めることも、究極的には、教室や喫茶店にそのような場を作り上げること、参加者たちがそのような空間で安心して思考に集中できるように保証することでしかないのです。

そして、どうすればそのような空間を作れるのかという問いは、明らかに、どんな場所で・どんな参加者たちと一緒にそうした空間を作り上げようとするかによって、答えが変わってしまいます。したがって、どんな場面にでもあてはまるマニュアル的な方法は、哲学対話においては本質的にありえないのです。

そもそも、哲学対話が「うまくいく」、哲学対話を「上手に」進めるとは、どういうことでしょうか。それは、**参加者がどれだけ自分の思考に集中でき、考える以外のことに気を散らすことなく時間を過ごせたか**（**そのような場を営めたか**）にほかなりません。

しかし、哲学対話が集団でおこなうものである以上、全員が等しく思考に集中できる環境を整えることはほぼ不可能です。人によって思考のペースはバラバラですし、ある人にとってはあたりまえのことも、別の人にとってはきちんと理由をゆっくり説明してもらわないと理解できないかもしれません。ある参加者が何気なく話した体験談によって、自分の過去の嫌な記憶が掘り返され、その後は心が波立って思考に集中できないこともあるでしょう。

このため私は、哲学対話を「上手に」進めるために唯一できることは、**哲学対話後に簡単なふりかえりをおこない、「今回はどういうところに考えづらさを感じたか」を参加者にフィードバックしてもらう**ことだけだと考えています。

もちろん、考えに集中できない要因は参加者ごとにバラバラなので、全部に応えることは決してできませんが、フィードバックを受けて、自分の哲学対話のやり方をちょっとずつ微修正していくことが、哲学対話の進行を「上達」させる唯一の方法です。

この本の第1章では、私自身がどんなことを考え、どんなことに注意を払い、どのように声がけしながら哲学対話をおこなっているかについて、かなり詳しく述べました。

これもまた、私が開智日本橋という自らのフィールドで、どうすれば一人でも多くの生徒に「考えることが楽しい！」と思ってもらえるかを試行錯誤した結果、いま現在、暫定的におこなっているやり方を紹介したものにすぎません。また同時に、私自身が一人の参加者として、どうすれば「自分自身」が考えることに集中できるかを考え、「自分にとって」居心地のよい思考の空間の作り方として述べたものにすぎません。

哲学対話の場をひらくとは、いまここに「ゆっくり・じっくりと考えることを楽しむ場」を作り出すためにはどうすればいいかと、常に自らに問いかけて考え続けることです。

そして、目の前にいる人たちに対してそのような場を提供できているなら、たとえその人がどんなやり方を採用していたとしても――極端な話、顔を見合わせて座らなくても、誰一人として一言も発しないようにさせても、ただただみんなで本を読んで黙々と考える場を作るだけでも――それはその人なりの哲学対話の場のひらき方であると言えるのです。

この意味で、哲学対話をおこなうための決まった方法は、本当に何一つとして存在しません。

私は現在、月一度「子どもの哲学研修会」を主催しています。哲学対話に関心があれば誰でも予約なしで参加できる無料勉強会です。教員や大学生、一般の会社員など、いろんな場での実践者が集まって「ゆっくり・じっくり考える場を営むとはどういうことか？」といった問いを全員で一緒に考えています。哲学対話の場をひらきたいけれど最初の一歩が踏み出せない方、実践を通して湧いてきた疑問や悩みをほかの実践者とシェアしてみたい方、ぜひ気軽に足をお運びください。開催情報はフェイスブックページ（URLは巻末に記載）で告知しています。

おわりに

哲学対話とは、人との対話を通して、物事をゆっくり・じっくり・丁寧に考える習慣を取り戻す活動です。そのような活動が社会のさまざまな場に根を下ろすことで、私たちの世界はゆっくりと変わっていくでしょう。

多忙な日々のなかで、落ち着いてゆったりとあたりを見回す余裕を取り戻せば、私たちの暮らしている社会には、おかしなルール、組織内でしか通用しない狭い常識、なんの根拠もない偏見や憶測が、そこかしこに満ちあふれているのに気づくようになります。多くの人がさまざまな場面で一歩立ち止まって考える習慣を取り戻すことで、一人ひとりがそれぞれ身の回りの問題に気づき、時間をかけて少しずつ改善していけるようになるのです。

リップマンは、哲学対話が「教室を探究の共同体に作りかえる」（＊『探求の共同体』P22）と考えました。しかし哲学対話は、教室や学校だけでなく、社会全体をよりま**っ**と**う**な方向に作りかえていく可能性も秘めているのではないでしょうか。

私が哲学対話に初めて出会ったのは、いまから10年少し前のことです。それから今日までの間、本当に数えきれない人たちにお世話になり、哲学対話の活動を一緒に作り上げてきました。哲学対話と出会ってすぐに「子どものための哲学教育研究所」を立ち上げて一緒に活動した、村瀬智之さん、山田圭一さん。開智でともに試行錯誤を繰り返しながら哲学対話の授業を作り上げてきた、溜剛さん、河野哲也さん、宮田舞さん、小村優太さん、神戸和佳子さん、小川泰治さん、得居千照さん、皆川朋生さん、廣畑光希さん、清水将吾さん、関康平さん、根岸巧さん、伏木陽介さん、向井哲和さん。勤務校は別ながら、何度となく対話を重ねてお互いの哲学の授業を検討しあった、中川雅道さん、綿内真由美さん、古賀裕也さん、岡田紘子さん。

以上、おもに学校の教室という現場で苦労をともにした実践者の仲間たちの名前を挙げさせてもらいましたが、もちろんそれ以外にも、たくさんの研究・教育関係者や哲学カフェ運営者といった方たちに支えられながら活動してきた10年間でした。

本書の作成にあたっては「さろん」のスタッフのみなさんにたくさんのご協力をいただきました。ありがとうございました。また、著者の細かいこだわりにも粘り強い対話を通して真摯に向き合ってくださった担当編集者の石井智秋さんに、あらためて深く感謝申し上げます。本書の企画をきっかけに、石井さんが哲学対話にハマっていったことは、著者として何よりもうれしい出来事でした。

土屋陽介

■第3章
G.B.マシューズ著、倉光修・梨木香歩訳『哲学と子ども：子どもとの対話から』新曜社、1997
杉田正樹『ぼくたち、なんで生きているんだろう：実況「子どもの哲学」教室』電波社、2018
お茶の水女子大学附属小学校、NPO法人お茶の水児童教育研究会『第78回教育実際指導研究会発表要項：学びをひらく“てつがくすること”を始めた子どもと教師』2016
お茶の水女子大学附属小学校、NPO法人お茶の水児童教育研究会『新教科「てつがく」の挑戦：“考え議論する”道徳教育への提言』東洋館出版社、2019
p4cみやぎ出版企画委員会、野澤令照『子どもたちの未来を拓く探究の対話「p4c」』東京書籍、2017
■第4章
マルティン・ハイデッガー著、細谷貞雄訳『存在と時間 上・下』筑摩書房、1994
イマヌエル・カント著、原佑訳『純粋理性批判 上・中・下』平凡社、2005
アリストテレス著、出隆訳『形而上学 上・下』、岩波書店、1959
永井均『翔太と猫のインサイトの夏休み：哲学的諸問題へのいざない』筑摩書房、2007
永井均『哲学の賑やかな呟き』ぷねうま舎、2013
土屋陽介『子どもの哲学と理性的思考者の教育：知的徳の教育の観点から』博士学位論文（立教大学）、2018
■第5章
マルク・ソーテ著、堀内ゆかり訳『ソクラテスのカフェ』紀伊國屋書店、1996
カフェフィロ『哲学カフェのつくりかた』大阪大学出版会、2014
■第6章
河野哲也『じぶんで考えじぶんで話せる：こどもを育てる哲学レッスン』河出書房新社、2018
こども哲学・おとな哲学 アーダコーダ『こども哲学ハンドブック：自由に考え、自由に話す場のつくり方』アルパカ、2019
梶谷真司『考えるとはどういうことか：0歳から100歳までの哲学入門』幻冬舎、2018
オスカー・ブルニフィエ著、西宮かおり訳『こども哲学』シリーズ、朝日出版社、2006～2007
ファビアン・ファンデルハム著、リヒテルズ直子訳『てつがくおしゃべりカード』ほんの木、2017
イクタケマコト、土屋陽介『まいにち哲学カレンダー』学事出版、2018
シャロン・ケイ、ポール・トムソン著、河野哲也監訳『中学生からの対話する哲学教室』玉川大学出版部、2012
■ウェブサイト
ありとぷら　https://aritopura-philocafe.localinfo.jp/
カフェフィロ　http://cafephilo.jp/
こども哲学・おとな哲学 アーダコーダ　http://ardacoda.com/
子どもの哲学研修会　https://www.facebook.com/1500861056890657/
さろん　http://salon-public.com/
哲学カフェ・哲学対話ガイド　https://www.135.jp/
哲学プラクティス連絡会　http://philosophicalpractice.jp/
日本哲学プラクティス学会　https://philopracticejapan.jp/
NHK『Q～こどものための哲学～』https://www.nhk.or.jp/sougou/q/
NHK『ココロ部！』https://www.nhk.or.jp/doutoku/kokorobu/
p4c japan　http://p4c-japan.com/

〈おもな参考文献〉

■第1章
松井真之介「学校の設立から見るフランスのマイノリティ：地域マイノリティと移民マイノリティ」『ヨーロッパにおける多民族共存とEU:その理念、現実、表象』坂本千代編、神戸大学大学院国際文化学研究科異文化研究交流センター研究報告書、2011
荒木寿友、藤井基貴『道徳教育（新しい教職教育講座　教職教育編7）』ミネルヴァ書房、2019
プラトン著、田中美知太郎・藤澤令夫訳『ソクラテスの弁明ほか』中央公論新社、2002
納富信留「ソクラテスの不知：「無知の知」を退けて」『思想』第948巻、2003
永井均『〈子ども〉のための哲学』講談社、1996
永井均・内田かずひろ『子どものための哲学対話』講談社、2009
■第2章
Lipman, Matthew. *A Life Teaching Thinking.* IAPC, 2008.
Lipman, Matthew. "On Writing a Philosophical Novel." *Studies in Philosophy for Children: Harry Stottlemeier's Discovery.* Eds. Ann M. Sharp and Ronald F. Reed. Temple University Press, 1992.
Gregory, Maughn R., Haynes, Joanna., & Murris, Karin. "Philosophy for Children: An Educational and Philosophical Movement (editorial introduction)." *The Routledge International Handbook of Philosophy for Children.* Eds. Maughn Rolling Gregory, Joanna Haynes & Karin Murris. Routledge, 2017.
Kohan, Walter O. *Philosophy and Childhood: Critical Perspectives and Affirmative Practices.* Palgrave Macmillan, 2014.
西山渓「オーストラリアにおける多文化・多民族共生と相互理解構築のための哲学対話」『多文化・多民族共生時代の世界の生涯学習』岩崎正吾編、学文社、2018
西野真由美「オーストラリアにおける子どものための哲学教育：思考力を育成する道徳教育のための一考察」『比較教育学研究』第23号、1997
寺田俊郎「「探究の共同体」をつくる:対話する市民を育てるために」『臨床コミュニケーションのモデルの開発と実践（科学技術政策提言）』鷲田清一編、平成14・15年度科学技術振興調整費調査研究報告書、2004
Jackson, Thomas E. "Philosophy for Children Hawaiian Style: "On Not Being in a Rush"", *Thinking: The Journal of Philosophy for Children,* 2004. 17(1)(2)
高橋綾、本間直樹（ほんまなほ）『こどものてつがく：ケアと幸せのための対話』大阪大学出版会、2018
Korean Academy of Teaching Philosophy In School: KATPIS, http://koreanp4c.org/english/index.htm
Caterpillar Institute for Philosophy for Children in Taiwan, http://www.caterpillar.url.tw/about/index.html
マシュー・リップマン、アン・マーガレット・シャープ、フレデリック・オスカニアン著、河野哲也・清水将吾監訳『子どものための哲学授業：「学びの場」のつくりかた』河出書房新社、2015
マシュー・リップマン著、河野哲也・土屋陽介・村瀬智之監訳『探求の共同体：考えるための教室』玉川大学出版部、2014

青春新書
INTELLIGENCE

こころ涌き立つ「知」の冒険

いまを生きる

〝青春新書〟は昭和三一年に――若い日に常にあなたの心の友として、その糧となり実になる多様な知恵が、生きる指標として勇気と力になり、すぐに役立つ――をモットーに創刊された。

そして昭和三八年、新しい時代の気運の中で、新書〝プレイブックス〟にその役目のバトンを渡した。「人生を自由自在に活動《プレイ》する」のキャッチコピーのもと――すべてのうっ積を吹きとばし、自由闊達な活動力を培養し、勇気と自信を生み出す最も楽しいシリーズ――となった。

いまや、私たちはバブル経済崩壊後の混沌とした価値観のただ中にいる。その価値観は常に未曾有の変貌を見せ、社会は少子高齢化し、地球規模の環境問題等は解決の兆しを見せない。私たちはあらゆる不安と懐疑に対峙している。

本シリーズ〝青春新書インテリジェンス〟はまさに、この時代の欲求によってプレイブックスから分化・刊行された。それは即ち、「心の中に自らの青春の輝きを失わない旺盛な知力、活力への欲求」に他ならない。応えるべきキャッチコピーは「こころ涌き立つ〝知〟の冒険」である。

予測のつかない時代にあって、一人ひとりの足元を照らし出すシリーズでありたいと願う。青春出版社は本年創業五〇周年を迎えた。これはひとえに長年に亘る多くの読者の熱いご支持の賜物である。社員一同深く感謝し、より一層世の中に希望と勇気の明るい光を放つ書籍を出版すべく、鋭意志すものである。

平成一七年

刊行者　小澤源太郎

著者紹介

土屋陽介〈つちや ようすけ〉

1976年生まれ。博士（教育学）。2017年から開智日本橋学園中学・高等学校にて学校独自の教科「哲学対話」の専門教員（教諭）として勤務。開智国際大学教育学部非常勤講師（「哲学」「倫理学」などを担当）。子どもの哲学（Philosophy for Children）の実践家。研究上の専門は、子どもの哲学、教育哲学、現代哲学。NPO法人「こども哲学・おとな哲学アーダコーダ」理事。共著に『子どもの哲学 考えることをはじめた君へ』（毎日新聞出版）、『こころのナゾとき』シリーズ（成美堂出版）など。

本書の一部は、JSPS科研費JP18K12189の助成を受けておこなった研究プロジェクトの成果物です。

僕《ぼく》らの世界《せかい》を作《つく》りかえる哲学《てつがく》の授業《じゅぎょう》

青春新書 INTELLIGENCE

2019年7月15日　第1刷

著　者　土《つち》屋《や》　陽《よう》介《すけ》

発行者　小澤源太郎

責任編集　株式会社プライム涌光

電話　編集部　03(3203)2850

発行所　東京都新宿区若松町12番1号 〒162-0056　株式会社青春出版社

電話　営業部　03(3207)1916　振替番号　00190-7-98602

印刷・中央精版印刷　製本・ナショナル製本

ISBN978-4-413-04574-2